Librement

Bernard Tapie

Librement

PLON

© Plon, 1998
ISBN : 2.259.18631.9

Avertissement de l'éditeur

Bernard Tapie a commencé ce livre le 3 février 1997, date de son entrée en prison, et nous a remis le texte quelques jours après sa sortie, le 25 juillet 1997.

D'un commun accord, nous avons décidé que cet ouvrage ne paraîtrait qu'après le verdict de la cour d'appel d'Aix.

Olivier ORBAN.

SOMMAIRE

	Évadé à perpétuité..................	11
I.	Tuer le symbole	35
II.	OM/VA, la vérité..................	59
III.	Riche et ruiné.....................	97
VI.	Le prix de la politique	121
V.	Le piège..........................	145
VI.	Chasse à l'homme	169
VII.	Comptes, mécomptes et règlements de comptes.........................	199
VIII.	L'insolent juge ses juges	223
IX.	Sage comme une image	241
X.	Irresponsables et coupables	259
XI.	Récidiviste de la liberté	283
	L'amour et la foi	303

Remerciements 311

Je veux dédier ce livre aux amis, innombrables et anonymes, qui m'ont écrit lorsque j'étais en prison.

ÉVADÉ À PERPÉTUITÉ

C'est une méchante fin d'après-midi hivernale, froide et grise. Le ciel est bas comme s'il n'y avait pas d'horizon. Le temps et la lumière de ce lundi 3 février s'accordent à mon humeur : après des années de combat contre l'acharnement judiciaire, médiatique et politique, c'est aujourd'hui que je dois entrer en prison. La Cour de cassation jugera demain le pourvoi que j'ai présenté contre ma condamnation à huit mois d'emprisonnement dans l'affaire que tous appellent « OM / VA ». J'ai décidé de me constituer prisonnier comme c'est la règle : les pourvois en cassation ne sont examinés que si l'on est préalablement incarcéré. La règle en question ne m'est pourtant pas applicable puisque je suis député européen et que mon immunité parlementaire européenne n'a jamais été levée. Je pouvais m'abriter derrière mon statut. Beaucoup, y compris dans mon entourage proche, sont persuadés que je ne vais pas me gêner pour user de mes droits parlementaires. De procédures en procédures, de péripéties en péripéties, ils sont nombreux à croire et à espérer que je vais de nouveau éviter ce que beaucoup, depuis longtemps, leur ont annoncé comme inévitable : mon incarcération. Ils ne se rappellent probablement pas mon attitude en 1992, lorsque j'avais été mis en examen à propos d'une banale affaire commerciale, dans laquelle j'avais finalement bénéficié d'un non-lieu ; j'avais alors estimé normal de démissionner du gouvernement. Pierre Bérégovoy préconisait ma démission, sans toutefois l'exiger, alors que François Mitterrand me conseillait le contraire en insistant : « Ne donnez jamais raison à vos adversaires... » C'était probablement lui qui voyait juste ; j'avais cependant démissionné. C'était une première à cette époque pourtant marquée par un nombre sans cesse grandissant d'élus mêlés à des affaires de corruption très graves mettant en jeu des fonds publics. J'avais fait face et, aujourd'hui encore, je ne veux pas fuir l'épreuve qui m'est imposée. Il faut aller en prison, j'y vais.

Tout a été prévu. J'ai écrit au procureur général pour lui dire que la procédure est irrégulière mais que je m'y soumettrai. J'ai écrit aussi au président du Parlement européen pour lui confirmer l'engagement pris devant lui : si mon pourvoi est rejeté, et je sais déjà qu'il le sera, je démissionnerai pour ne gêner ni mes collègues qui ont été loyaux avec moi ni notre Parlement qui mérite mieux que la chronique judiciaire.

Afin d'éviter la meute des journalistes qui me guettent à la sortie de mon domicile jusqu'à l'entrée de la prison de la Santé, comme pour la curée après la « chasse à courre », j'ai averti les autorités pénitentiaires et judiciaires : je me rendrai au Palais de justice de Paris pour me mettre à leur disposition.

Les journalistes et photographes en chasse m'ont rendu un service inespéré : au lieu de passer cette longue journée à me morfondre dans une réflexion nécessairement sombre, je l'ai consacrée à réfléchir avec mes deux fils, Laurent et Stéphane, au moyen de déjouer les embuscades des amateurs de sensationnel. Les heures se sont ainsi écoulées très vite. Depuis ce matin 6 heures, ils sont cent cinquante, peut-être deux cents. Ils sont agglutinés du coin du boulevard Saint-Germain jusqu'à la moitié de la rue des Saints-Pères. France 2, que ces traques devraient moins attirer que les vulgaires paparazzi, a installé un car vidéo avec une antenne d'une dizaine de mètres afin de pouvoir couvrir l' « événement » en direct.

J'ai d'abord simulé deux fausses sorties à moto. Puis, vers 18 heures, plusieurs véhicules sont entrés dans la cour pour former un convoi qui, de toute évidence, était destiné à assurer ma sortie. Un des véhicules, aux vitres teintées, semblait m'être particulièrement destiné. Sur les toits des immeubles situés face à mon domicile, plusieurs « mouchards » indiquaient par téléphone portable au reste de la meute l'évolution des événements qui se déroulaient dans la cour. Vers 19 heures, j'ai appelé mes parents pour les rassurer – sans grand succès – puis j'ai embrassé Laurent et Nathalie, ma fille aînée, qui nous avait rejoints ; alors que je ne consomme jamais d'alcool, j'ai bu un grand whisky cul sec, puis j'ai descendu l'escalier intérieur pour m'installer dans le coffre de la voiture de Stéphane. J'ai pu ainsi sortir de chez moi à l'insu de tous les charognards qui surveillaient uniquement le convoi stationné dans la cour.

Dominique, mon épouse, avait emmené le matin même notre fille Sophie, âgée de neuf ans, loin de Paris pour lui épargner cette journée et celles qui vont suivre. Ces journées risquent d'être particulièrement dures. Pour ma part j'ai tout prévu, je peux faire front, j'en suis sûr, la tête haute. Tout prévu... ou presque tout.

La force de la vie

Stéphane, à qui on a ouvert les portes du Palais de justice dès qu'il a décliné son identité, n'a pas pu ressortir après m'avoir déposé car déjà un énorme camion était entré en marche arrière, bloquant toute sortie. Les portes du camion se sont ouvertes. On a pris mes empreintes, ma photo de face et de profil – avec le fameux matricule posé sous le menton –, on a procédé à ma fouille la plus intime. Je suis enfin prêt à monter dans ce qu'on appelle le fourgon cellulaire. A ma grande stupeur, j'aperçois mon fils Stéphane qui est toujours là, dans la cour, debout, planté à côté de sa voiture. Je veux lui éviter le terrible spectacle et je m'empresse de monter. Malheureusement, il m'a aperçu aussi et il s'approche du fourgon dont on referme les portes en le repoussant. Je vois que Stéphane me cherche du regard. Je le vois, mais lui ne me voit pas : les vitres du fourgon sont fermées, grillagées, l'intérieur, qui se compose d'une dizaine de minuscules cellules d'environ cinquante centimètres sur cinquante, est dans l'obscurité totale. Je lui fais des signes, mais il ne peut pas s'en rendre compte. Alors, Stéphane reste debout, immobile, hébété, et il se met à pleurer. Devant cette épaisseur d'obscurité et de silence, qui ressemble si fort à la mort, lui que je n'ai jamais cessé d'appeler « mon bébé » craque comme un enfant. Lui habituellement si gai, si fort et si solide, sanglote sans plus se retenir et j'enrage de ne pouvoir le soutenir, le consoler. Mes gestes et mes appels deviennent inutiles : il ne me voit pas, il ne m'entend pas, il est seul.

J'étais sûr d'avoir tout prévu, mais je n'avais pas imaginé la douleur et la souffrance qui me submergent à cet instant précis. J'étais fier, j'étais fort, je faisais front. Et tout à coup, plus rien. Je m'écroule sous l'emprise de ces images insoutenables. Je m'étais promis de subir l'épreuve avec dignité puisqu'elle m'était injustement imposée. Mais devant le chagrin de mon fils, je m'effondre comme lui. Je ne sais plus si je verse des larmes ou si je pousse des cris. Sans doute des larmes et des cris. J'ai mal, une douleur venue du plus profond de moi, et même de bien plus loin que moi, une peine du fond des âges, une douleur animale comme je n'en ai jamais ressenti.

Tout en moi se révolte contre cette séparation, contre cette première porte refermée. Je suis comme une bête prise au piège, coupée de son petit. Toute mon énergie vitale, toute la force de la vie, hurlent en moi contre cette coupure insupportable. En même temps, ma conscience m'assène l'étendue de ma défaite : elle est là, dans le regard de mon fils, je la prends en pleine gueule, je la touche dans mon propre désarroi. Le flot des larmes qui m'envahissent reste impuissant à tarir celles de Stéphane. Un vide désespéré s'installe en moi.

Les motards, les sirènes, les gyrophares... le convoi démarre. Je réunis toutes mes forces pour essayer d'apercevoir encore mon fils, je le devine, je le sens, mais je ne peux plus le voir. Le chagrin, jusque-là mal contenu par la colère et la rébellion de mon esprit, se donne désormais libre cours. Je suis littéralement submergé par les larmes. Je n'ai plus envie de lutter. Je suis exclu, reclus, retranché de ma propre vie. Avant même d'être en prison, je sais, et j'en ai eu la confirmation dans les yeux de Stéphane, que la prison ne va pas me punir, elle va nous détruire.

On dit des larmes qu'elles sont libératrices. Curieuse expression. La silhouette de mon fils, son mouvement de tête éploré sont noyés par un brouillard que rien ne pourra dissiper avant longtemps. J'ai touché le fond de la fosse où l'on m'a précipité.

Un bruit terrible

Le reste, tout le reste, se perd dans l'émotion et dans la tristesse sans recours. Le fourgon, les motards, des véhicules devant et derrière, le concert infernal des sirènes, le trajet ; il n'y a pas loin du Palais de justice à la Santé, mais je ne me rappelle rien. Pas plus à l'arrivée. J'ai dû remplir des formulaires, laisser mon argent, mes objets personnels. J'ai lu et vu tout cela dans des livres et dans des films. A mon tour, je l'ai fait, sans doute. Mais je ne revois aucun de ces détails. Tout se passe comme si j'étais déjà hors du temps. Je ne vois que le visage de mon fils massacré par les larmes.

Je ne reprends conscience que lorsqu'on me fait entrer dans une cellule, ma cellule. C'est une boîte. Une toute petite boîte, très étroite et même pas longue. Comme un morceau de couloir muré. Comme un cercueil où on aurait encore le droit de respirer. Un peu, pas trop. Car en haut du mur, il y a une petite fenêtre. A la fenêtre, des barreaux. Derrière les barreaux, un grillage. Derrière le grillage, une grille. Et derrière... peut-être le ciel, mais c'est déjà la nuit et je n'aperçois rien qui ressemble à la liberté.

Je me demande comment on peut s'accommoder d'un tel espace, comment on peut y vivre ou simplement y respirer. Je suis en train de comprendre ce que signifie l'expression « comme un lion en cage », lorsque résonne un bruit terrible, un bruit inoubliable, un bruit qui est une douleur physique : on vient de refermer la porte et, après le bruit des lourdes clefs qui tournent dans les serrures, j'entends le fer qui claque deux fois. Deux grands verrous que l'on pousse avec violence, volontairement sans doute, pour signifier l'enfermement. C'est un bruit métallique, aigu, bref, définitif et irrévocable. Le fer du verrou s'enfonce en moi. Je suis le papillon épinglé par le travers du corps. Cloué.

Je n'oublierai jamais ce bruit qui referme la vie derrière moi, qui répète et amplifie toutes les condamnations que j'ai ou que je vais subir, ce bruit de couperet, d'épée, de tranchoir, ce bruit qui fait mourir avant la mort. Même lorsqu'on l'ôtera, ce fer-là restera fiché en moi.

L'écho lancinant du verrou vrille encore mes tempes et ma raison. Mais il me faut m'installer. Du moins, autant qu'il est possible. J'ai posé sur le sol les deux draps pliés et la couverture que l'on m'a fait transporter depuis que je suis officiellement écroué. Comme pour me rappeler des gestes connus, je décide de faire mon lit. Quand, un quart d'heure plus tard, je soulève la couverture, dix ou douze cafards filent vers les coins de la cellule. C'est l'ordinaire, à ce qu'il paraît. Je m'en amuserais presque si j'avais le cœur à rire. Il vaut mieux en sourire que s'y habituer.

Je manque déjà d'air. C'est, après le fer assourdissant, la première sensation que j'éprouve. Moi qui ai subi des tempêtes incroyables pendant la traversée record de l'Atlantique à la voile, qui ai subi des tonnes de G pendant des exercices de voltige aérienne, j'éprouve une sensation inconnue jusqu'alors : une sorte d'asphyxie soudaine.

Approchant la chaise du mur, j'y monte pour appuyer mon visage près de la fenêtre. Minuscule, la fenêtre. Je tente d'y aspirer un peu d'air. Un peu d'air libre. Rien. J'ai l'impression de boire une nuit profonde, une nuit sans fin, une nuit à se noyer. Dans cette nuit noire, je guette en vain les échos du dehors, mais c'est le bruit du verrou qui résonne encore en moi.

Comment parvenir à vouloir ?

C'est un autre bruit qui m'éveille, mat et sourd, accompagné de cris. Un bruit que je connais bien. Le ballon qui m'a conduit ici n'aura pas mis longtemps à me rattraper. Dans une cour proche, les auxiliaires

– ces prisonniers occupés à exercer leur métier de cuisinier, de plombier, de blanchisseur, à l'intérieur de la prison – ont entamé une partie de football qui m'a réveillé. Ou plutôt tiré de la léthargie. Je n'ai pas dormi de la nuit ; j'ai vu le jour se lever, bien gris. J'ai passé la matinée comme hébété, à prendre les dimensions de mon nouveau cadre. Et en fin de matinée, vaincu par la fatigue et par la rupture nerveuse, je me suis assoupi. Les footballeurs m'ont sorti de cette torpeur.

C'est le premier jour. Les heures passent interminablement. Et cela finira par faire un jour. Et encore un jour, et un autre jour. Tout ce temps devant moi ; je découvre que le temps n'est rien sans la liberté.

En théorie, les spécialistes vous le diront, la prison, c'est la privation de liberté. Rien de plus, rien de moins. En fait, c'est bien pire. Quand on parle de privation de liberté, on pense immédiatement à l'espace. Le prisonnier est privé d'espace, de cette liberté, précieuse entre toutes, d'aller et venir, de se déplacer. C'est, en effet, celle qui me manque immédiatement. On vous signifie votre fin quand on vous enferme dans un monde fini : la cellule minuscule et, avec le régime de l'isolement « pour mon bien » que M. Toubon en personne m'a réservé, la courette plus minuscule encore – qu'on appelle le camembert –, entourée de hauts murs et recouverte de grilles, où j'aurais le droit de faire, une heure par jour, les cent pas... s'il était possible d'y marcher cent pas. Pas d'espace. Un confinement oppressant, l'enfermement physique sans aucune autre échappée que mentale.

Je découvre aussi qu'on n'est pas seulement privé d'espace, on est privé de temps. Ce temps qui paraît infiniment long, interminable, est découpé par d'autres. Je le subis. Ma vie est rythmée par une autre volonté que la mienne. Même la nuit, un surveillant vient, toutes les demi-heures, ouvrir l'œilleton de la porte en fer pour vérifier que je suis bien vivant ; je dois le rassurer chaque fois en levant le bras ; il paraît que c'est aussi « pour mon bien ». Ça va, je suis vivant... Mes nuits ne m'appartiennent plus. Ces réveils systématiques m'épuisent littéralement.

Et dire que je ne sais pas quand tout cela prendra fin. Je suis condamné à huit mois, mon casier judiciaire est vierge, j'ai un domicile fixe et un métier : un ami du garde des Sceaux m'a affirmé qu'on m'appliquerait le régime normal. Samir Traboulsi ou Alain Boublil, condamnés à un an ferme, avaient en fait effectué deux mois à la Santé puis quatre autres mois en semi-liberté, avant d'être libérés au sixième mois. On ne leur avait fait aucun cadeau particulier, on avait simplement appliqué le droit.

Alors huit mois ? Six mois ? Quatre mois ? Ou deux mois ? Dans tous les cas, je trouve que c'est beaucoup, beaucoup trop pour un match de foot, mais je n'ai pas le choix.

Paradoxalement, je me sens également privé de silence et des bruits que j'aime. La prison n'est jamais silencieuse. Comme tous les endroits de vie collective, elle retentit de bruits incongrus, bizarres, pénibles ; elle y ajoute ses sons caractéristiques, tous métalliques, bruits de portes, d'escaliers, de gamelles, de clefs, de verrous. Tous les bruits des autres prisonniers, qui parlent ou qui gueulent, qui se plaignent, qui gémissent, tous ces bruits font irruption dans ma vie, et toujours à l'instant où je les attends et les souhaite le moins. Par contre, je guette les bruits normaux, les bruits ordinaires, ceux que d'habitude je n'entends pas, et qui me manquent tellement. J'ai le besoin physique d'un chant d'oiseau, d'un cri d'enfant, même le bruit d'une voiture me ferait du bien. Mais rien.

Je comprends, c'est le pire et le plus douloureux, que je ne peux rien vouloir. J'ai toujours vécu avec l'idée simple, trop simple, que ce que je voulais pouvait être réalisé, au moins tenté. Mais ici, on interdit de vouloir. Aucun désir, même le plus modeste, ne peut être satisfait de façon claire et immédiate. Vous avez des cafards dans votre cellule ? Faites une demande pour obtenir de l'insecticide. Bien. J'aurai la réponse quand ? Ah ! ça, on ne peut pas vous dire, ça dépend. Ça dépend de qui, de quoi ? On ne sait pas. Une chose est sûre, ça ne dépend pas de moi et c'est ce qu'on veut me faire comprendre. Lorsque mon avocat m'apportera une petite boîte de produit contre les cafards, on lui interdira de me la remettre.

Pour être juste, on me fait comprendre avec courtoisie que je n'ai pas le droit de vouloir. Les surveillants, qu'on décrit souvent de façon caricaturale, sont très différents de l'idée que je m'en faisais. La plupart sont polis, sans agressivité, avec chez beaucoup un air un peu surpris de me voir enfermé ici. A quelques exceptions près, les surveillants et leurs chefs sont corrects et, curieusement, cela rend la mécanique de la prison plus abstraite, plus froide et plus implacable encore. C'est le système qui est terrible, pas les hommes. Les surveillants, eux, sont en prison un peu comme moi. Une semi-liberté à l'envers. Moi qui suis d'une nature rebelle, indisciplinée et grande gueule, leur courtoisie « administrative » et professionnelle me prive de l'envie de me rebeller. C'est terrible : j'ai l'impression que mes désirs n'arrivent plus à s'assembler pour faire une volonté.

Comment je m'évade

Dès ces premiers jours, je comprends que je ne supporterai pas l'incarcération si je subis l'espace, le temps, les volontés que d'autres m'ont imposés et que l'administration pénitentiaire est chargée de me faire respecter quotidiennement.

La Chancellerie – qui suit décidément mon dossier de très très près – a décidé de me faire placer sous le régime de l'isolement. Une faveur décidée « pour mon bien », à ce qu'on m'a dit. Je n'ai donc pas pu m'entretenir avec d'autres détenus, mais je sais déjà que la prison n'est pas une punition identique pour tous, alors qu'on la présente comme la preuve de l'égalité devant la loi. En réalité, même si c'est une horreur pour tout le monde, petits ou grands délinquants, riches ou pauvres, assassins ou violeurs d'enfants, trafiquants de drogue ou P-DG indélicats, elle est beaucoup plus dure pour certains que pour d'autres. C'est la comparaison entre la vie à l'extérieur et la « vie » étrange dans ce monde si particulier qui indique les vraies différences. Plus vous êtes habituellement actif et responsable, plus ce monde d'oisiveté et de déresponsabilisation absolue vous paraîtra insupportable. Plus vous êtes heureux au-dehors et plus vous ressentirez le désespoir qui constitue le décor de cet univers sans perspectives. Important, même si ce n'est pas l'essentiel, plus vous êtes confortablement installé dans votre vie ordinaire et plus cette suite de privations, de vexations, de petites humiliations quotidiennes vous semblera injuste. Enfin, on mesure, en prison, que l'homme est un être capable d'adaptation : plus vous êtes jeune et plus vous accepterez l'emprisonnement, surtout si, malheureusement, votre éducation, votre milieu, votre activité, vous ont présenté la prison comme une probabilité ; en revanche, si vous êtes d'âge mûr et que vous n'avez jamais imaginé d'être frappé par cette épreuve, l'incarcération vous sera intolérable.

Cette différence de perception de la prison apparaît crûment depuis que la justice a commencé à réprimer la délinquance « en col blanc » et à punir sévèrement les dirigeants d'entreprise ou les responsables politiques. Privés de tous leurs repères individuels, familiaux ou sociaux, ces « nouveaux prisonniers » veulent plus ou moins consciemment mourir pour en finir.

Pour ma part, je ne veux ni mourir ni me donner le ridicule d'une grève de la faim. Puisque je me sens incapable de vivre dans les limites de ma cellule, qui est une cellule identique à toutes celles de la Santé, il ne me reste comme solution que d'adopter une attitude rigoureuse et sans faiblesse. Je ne me nourrirai que de l'ordinaire servi à tous les détenus, sans l'améliorer par des achats que l'on appelle « cantine ». Je ne prendrai aucun somnifère, ni tranquillisant, ni antidépresseur pendant toute mon incarcération. Et quotidiennement, j'organiserai mon évasion.

Si je ne peux déplacer mon corps, au moins puis-je transporter mon esprit. Chaque soir, à l'heure où la prison s'apaise un peu, lorsque commence l'interminable traversée d'une nuit rythmée par les seules vérifications des surveillants, quand la solitude et l'enfermement s'imposent sans aucun dérivatif, à ce moment précis je fausse compagnie à la prison, à mes juges, à la société campée sur sa réprobation. Je m'évade... Je m'évade par la pensée : je trouve refuge auprès de ma famille, de mes enfants. Tous les jours, à 22 heures, nous aurons, ma femme et moi, un rendez-vous. Quel moment étrange que ce rendez-vous virtuel auquel on devient très fidèle et très assidu, davantage même que s'il était réel. Comme pour donner davantage de vie à cet instant béni, je vais tenir un cahier qui sera la mémoire de ces moments inoubliables et Dominique fera de même.

J'ai le sentiment étrange, et difficile à transcrire par des mots, de m'élever, de disparaître par la fenêtre caricaturalement étroite et de me retrouver parmi les miens, au chaud et au calme, dans un cocon inaltérable, dans un cercle infranchissable, dans une illusion délicieuse que seul le sommeil pourra dissiper. Ma volonté se concentre sur cet ailleurs : on peut bien me surveiller, peine perdue, je ne suis plus là.

Écrire sa vie

Dans la journée, il me faut trouver un autre genre d'évasion, une façon d'oublier les bruits, les rites, les horaires et surtout les murs. Dès les premiers jours de ma détention, une décision s'impose : puisque j'ai du mal à me concentrer sur la lecture, je vais écrire. Je vais écrire ce livre. Un livre de vérité.

Je le dois à tous ceux qui m'ont accompagné, aidé ou simplement encouragé pendant ces années. Je leur dois ma vérité. Il y a un peu plus de dix ans, j'avais écrit un livre pour expliquer, à l'époque des grandes compétitions industrielles, de l'entreprise reine et de l'argent sacralisé, que les victoires les plus importantes devaient d'abord être remportées sur soi-même et qu'aucun succès ne méritait d'être payé par le malheur des autres. La victoire à tout prix n'était pas la victoire à n'importe quel prix. Écrit pour dissiper un malentendu, ce livre-là n'avait malheureusement fait qu'aggraver le malentendu. Sans prendre le temps de le lire, mes adversaires avaient jugé l'ouvrage à son titre : « GAGNER ». J'étais bien tel qu'ils m'avaient préjugé, gagneur, fonceur, peu scrupuleux, orgueilleux, fier de ma réussite, etc.

Le livre disait exactement le contraire et invitait chaque lecteur à se prendre en main, à révéler ses propres dons, à réussir en respectant les règles. Puisqu'on me regardait et qu'on m'enviait, j'en avais profité pour suggérer que mes succès ne devaient pas grand-chose à un talent rare ou à des mérites personnels exceptionnels et que chacun avait, en lui, le potentiel pour « gagner » à sa façon et avec ses moyens.

Aujourd'hui, je suis emprisonné, déshonoré, ruiné, publiquement humilié, mais je crois avoir encore des choses à dire. Que tous ceux qui ont cru en moi lorsque j'étais au faîte de la notoriété médiatique et de la réussite économique, sportive ou politique, puissent trouver, s'ils le jugent utile, dans ces lignes des raisons de ne pas désespérer s'ils rencontrent des difficultés. Rien ne m'a été épargné dans ces dernières années, et cependant c'est ma ténacité, ma volonté et ma foi que je souhaite leur faire partager : même après mille échecs et mille défaites, rien n'est jamais définitivement perdu.

Je veux dire aussi la vérité sur les reproches qui m'ont été faits, sur les différentes « affaires » tissées très méthodiquement pour me confectionner l'habit du scandale, sur des procès publics qui n'étaient que le théâtre des condamnations privées, sur les jugements qui ratifiaient les préjugés, sur les verdicts arrêtés avant même que j'aie été entendu. Je veux dire la vérité, toutes les vérités.

Et d'abord celle-ci : je ne suis pas un voyou. Chacun semble penser aujourd'hui qu'il est presque naturel pour moi d'aller en prison. Comme si ma vie m'y avait prédisposé. Comme si toutes mes actions avaient dû m'y conduire. Comme s'il s'agissait, en somme, d'un aboutissement normal. Inéluctable. On se trompe encore. Celui qui a commis des fautes graves, volontaires, répétées, celui-là peut s'accommoder de l'idée de son emprisonnement comme d'une sanction méritée. Quant à moi, je ne suis pas du tout dans cette disposition d'esprit et personne ne me fera dire que les peines qu'on m'a infligées sont justes. J'ai probablement fait des erreurs et commis des maladresses, j'en parlerai, mais je n'ai jamais transgressé délibérément les règles morales que ma famille et mon éducation m'ont données. On a dit que j'étais un mélange de Robin des Bois et de Bibi Fricotin. Peut-être. Mais je ne suis pas Mandrin. Je connais les limites juridiques, les barrières morales et les lois du cœur de toute vie en collectivité ; je les ai toujours respectées.

Il est vrai que j'ai toujours été caricaturé. J'ai rarement été montré tel que je suis mais tel que voulaient me voir ceux qui me décrivaient. Ma soif d'échanger et d'expliquer a été transformée en talent de bonimenteur. Ceux qui me connaissent savent que je n'ai de préjugés sur rien, que je suis sans cesse à l'écoute des autres. Ma passion de la réussite et de la performance a été réduite à une pauvre volonté d'ostentation, à des attitudes de parvenu ; là aussi, on est à mille lieues de ma vérité : je suis quelqu'un de secret qui déteste se montrer pour le plaisir de se montrer (Claude Lelouch en sait quelque chose : il a attendu vingt-cinq ans avant que je devienne un de ses acteurs) et qui n'a aucun goût pour le déballage, les signes matériels de la richesse. Mes meubles, ma maison, mon bateau, tout cela a été montré à mon insu et surtout depuis que j'en ai été dépossédé. Ma vitalité est devenue, par le trait de la caricature, simple brutalité, comme si je méprisais les autres, mes proches. Mes proches sauraient dire à quel point je suis éloigné de cette image, mais on ne leur demande rien. Car l'important est d'imposer l'image contre la vérité. A tout prix.

Je veux tenter de rétablir cette vérité, d'abord pour les gens qui m'aiment bien. On me dit, et mon courrier en témoigne, qu'ils sont encore nombreux. Et je devine qu'ils me restent attachés malgré tout ce qu'on leur a imposé de penser à mon propos : je me serais enrichi grâce à mes appuis politiques et j'aurais ruiné le Crédit Lyonnais ; j'aurais volé le fisc – donc chacun d'entre eux – alors que j'étais élu ; j'aurais certes gagné la Coupe d'Europe, mais en pillant l'Olympique de Marseille et en truquant les rencontres sportives.

C'est ce qu'on dit à ceux qui ont de l'affection pour moi et qui me défendent encore, malgré tout, contre les attaques de mes adversaires, contre les quolibets de leur entourage, contre tous et même contre l'évidence qu'eux-mêmes ont fini par admettre : j'aurais bel et bien commis tout ce qu'on me reproche.

Mais ces accusations sont fausses, et je veux le démontrer.

J'essaierai, dans ces pages, à la faveur d'une expérience terrible, du malheur qu'elle apporte, des espoirs qu'elle autorise cependant, de dire qui je suis, sans rien cacher de mes faiblesses et de mes défauts ni de mes peines ou de mes joies qui sont celles d'un homme. D'un homme simple. Beaucoup plus simple qu'on ne le croit ou qu'on ne veut le faire croire.

Aider les autres, s'il est possible. Rétablir la vérité à mon sujet, si on veut l'entendre. Mais j'ai un autre objectif avec ce livre, vital celui-là : je veux, littéralement, « tuer le temps ». Ce temps qu'on m'impose, ce temps que je ne maîtrise plus, ce temps décidé par les autres, je ne veux pas le subir. Personne, ici, ne répond à la moindre de mes questions, quel que soit le sujet, puisque la prison doit me placer hors du temps ordinaire, hors du désir, hors de la curiosité. Qu'il s'agisse de choses banales, une visite médicale ou des autorisations de parloir, ou bien de choses plus graves telles que des dates de transfert, les moyens de locomotion utilisés pour les assurer, l'organisation des procès, tout doit se décider à mon insu, sans que j'en sois jamais prévenu. Je ne sais même pas quelle sera la durée de ma détention. Je sais, en revanche, que le calendrier judiciaire qui s'étale devant moi est trop soigneusement agencé pour devoir quelque chose au hasard. J'ai été condamné à huit mois de prison ferme, mais d'autres procédures me menacent, d'autres procès, d'autres verdicts déjà sûrement rédigés dans la tête de ceux qui doivent les prononcer. Je sens bien que ceux qui disposent ainsi de mon temps croient pouvoir disposer aussi de ma vie. Je devine qu'à guetter une date, une faveur, une aggravation, une grâce ou un refus de grâce, une sanction lourde ou une sanction légère, je perdrais la raison. Je deviendrais fou. Du papier pour noter tout ce qui s'enfuit, voilà la solution, voilà ma seule envie. On veut me priver de ma vie, eh bien, je vais l'écrire moi-même !

Une vieille mauvaise habitude

Puisqu'il s'agit de dire toute ma vérité, voilà bien, commis une fois de plus, le plus grave de mes péchés, l'infraction impardonnable, en fait une mauvaise habitude : je m'évade perpétuellement pour me trouver là où on ne m'attend pas. Enfant, ma maîtresse m'attachait parce que je ne restais pas en place. Adulte, je ne veux pas rester dans la case, dans la boîte ou dans la cellule que la société m'a assignée. Ma banlieue, il ne fallait pas en sortir. Mais cette origine plus que modeste, je ne m'en sers pas comme d'un alibi qui me donnerait tous les droits, ni comme d'un argument démagogique pour valoriser mon parcours, encore moins comme d'un prétexte pour expliquer l'inexplicable : mon histoire.

J'ai vécu dans cette banlieue jusqu'à mon service militaire... Un environnement où se façonne presque inéluctablement l'existence difficile de ceux qui y vivent. C'est là aussi, à l'inverse, que se cultivent la créativité, l'imagination, la solidarité, bref toutes les émotions fortes, les sentiments simples, authentiques et innés. A quinze ans, lorsque je quitte le cours complémentaire de La Courneuve pour entrer à l'École d'électricité industrielle de Paris à la porte de Clignancourt, je vais découvrir ce qui me sépare des autres « élèves ingénieurs ». A leur contact, je me rends compte de toute la différence qui peut exister entre un fils de prolo et un fils de bonne famille. Et là, déjà, j'ai l'envie irrépressible de m'évader, d'échapper à cette fatalité. Mes parents m'ont donné leur amour, beaucoup d'amour. Ils m'ont imposé quelques règles, en particulier sur l'honneur, sur l'amitié, mais ne m'ont remis ni sésame ni passe-partout pour déverrouiller ces portes blindées qui mènent vers la gloire, le pouvoir ou la fortune, bref vers les sommets, comme on dit. A l'époque, je n'ai pas une chance sur 1 000 d'être diplômé d'une grande école, je n'ai pas une chance sur 10 000 de devenir chef d'entreprise, une sur

500 000 de devenir député et une sur 10 ou 20 millions de devenir ministre. C'est cette insupportable volonté de ne pas admettre ces statistiques qui déterminera mes faits et gestes, avec les résultats que l'on connaît : positifs ou négatifs, certes, mais toujours exceptionnels dans la démesure.

Le monde de tous les pouvoirs, je n'avais aucun droit d'y entrer. Je n'ai pas respecté cet interdit absolu. Là où on voulait me maintenir, je n'y suis jamais resté ; les lieux qu'on voulait m'interdire, je n'ai cessé d'y pénétrer. Rebelle, insurgé, impertinent, insoumis, inclassable et mal élevé, j'ai toujours refusé aux autres le droit de décider de ma vie.

I
TUER LE SYMBOLE

Depuis mon incarcération, des milliers de personnes m'ont écrit pour me dire leur sympathie. Chaque jour, il arrive des centaines de lettres, des milliers au total. Le flot de ces messages d'encouragement n'est sans doute pas étranger à l'agacement visible de l'administration pénitentiaire : je lui pose un problème, puisque tous les courriers de tous les prisonniers doivent être lus avant de leur être remis. C'est la censure ordinaire, une forme plus insidieuse encore de la privation de liberté. La prison tend à vous empêcher de penser mais il faut, en plus, qu'elle appose son cachet sur la pensée des autres.

Salut à toi

Même censurées, ces innombrables lettres me réconfortent plus que je ne saurais dire. De tous les endroits, de tous les milieux, de tous les âges, mes correspondants m'envoient les mêmes mots de réconfort : tenez bon ! Souvent s'y ajoute un petit souvenir personnel. Un retraité dit avoir vibré aux exploits de l'Olympique de Marseille. Un ancien élève de mes écoles de vente me parle de sa réussite professionnelle. Un fils d'immigrés m'explique que je lui ai donné foi en la France après mon face-à-face avec Le Pen. Une vieille dame me remercie pour un simple sourire que je lui avais donné lors d'une campagne électorale... Elle ne sait pas qu'en m'écrivant, elle vient de me rendre ce sourire au centuple.

Beaucoup des gens qui m'écrivent me tutoient spontanément pour me manifester leur amitié, leur sympathie, leur simple proximité ou leur connivence, je ne sais pas exactement. C'est un fait que j'ai vérifié avant d'être emprisonné : depuis que je suis entré dans la vie publique, les personnes que je rencontre me disent « tu » comme si elles étaient heureuses de rencontrer un responsable qui, pour mon plus grand bonheur, ne les impressionne pas. Et aujourd'hui, j'ai plaisir à les tutoyer en retour pour leur dire merci.

Parmi ce flot de sympathie flottent, comme des immondices, quelques lettres d'insultes que j'ai conservées. Elles proviennent toutes de militants du Front national. Bien qu'anonymes, elles sont signées par leur contenu. Leur style ordurier est tellement reconnaissable. Je me dis qu'il faut bien de la haine pour aller ainsi injurier un homme dans sa prison.

Heureusement, ces correspondants « courageux » sont une toute petite minorité. Dans la période récente, j'ai pu en revanche mesurer l'ingratitude extrême de nombreux puissants, de ceux qui se pressaient autour de moi, des flatteurs et des courtisans, des hypocrites et des méchants, des cyniques et des bien-pensants. Je n'en apprécie que mieux les marques d'amitié et même d'affection que m'adressent ces milliers d'anonymes soucieux du sort de la « star » devenue simple matricule dans sa prison. Tous me disent en résumé : vous avez symbolisé pour moi le bonheur, la joie de vivre, l'espérance, et je veux, à mon tour, vous dire de garder espoir.

Le symbole, encore une fois. Le symbole, tout est là. Ce que veut signifier mon incarcération, c'est précisément ma fin symbolique. Désormais notre société déteste, paraît-il, l'image dont elle m'a affublé et qui me ressemble tellement peu. Cette image-là, c'est son propre reflet que le monde du pouvoir ne veut plus contempler. Quant à ma personnalité véritable, elle est devenue tout aussi insupportable. A l'heure de tous les conformismes, nulle place pour l'originalité. Au cachot, l'individu trop singulier !

La solitude absolue

Un malheur n'arrive jamais seul, dit-on. Alors que je suis incarcéré – et peut-être parce que je le suis – mon père est victime d'un infarctus. Inutile, je pense, de vous décrire ce que l'on peut ressentir face à cette accumulation de drames. Il est passé par un centre de réanimation à Marseille et je suis là, impuissant. Les nouvelles m'arrivent au compte-gouttes et je supplie mes avocats d'intervenir pour que l'on me rapproche de lui. J'ai demandé à être transféré à la prison de Marseille, la ville où il vit. C'est la ville de tous mes rêves, de toutes mes passions. Je ne pensais pas devenir un jour pensionnaire des Baumettes. Quand j'étais président de l'Olympique de Marseille, j'entretenais des relations cordiales avec le directeur de l'époque. Je me souviens d'un été où la température avoisinait les 45 degrés dans les cellules et mettait les détenus littéralement à bout de nerfs ; à plusieurs reprises, l'après-midi, nous avons organisé des tournois de football auxquels ont participé mes principaux joueurs qui étaient les idoles des prisonniers.

Mais l'administration a sans doute pensé que ma présence aux Baumettes était peu souhaitable. J'ai été transféré à Luynes, la maison d'arrêt d'Aix-en-Provence. Alors qu'en principe les transferts se font soit par train, soit par avion, on a choisi pour mon transfert le fourgon cellulaire. Transfert qui a duré toute la journée. On m'a même offert, en prime, une pause entre midi et 15 heures dans la prison de Lyon, au hasard dans la cellule qu'avait occupée Klaus Barbie... le temps que mes surveillants et les chauffeurs se restaurent. Ce mode de transport aura eu au moins un avantage : les journalistes, les photographes et les cameramen – prévenus de mon transfert, je ne sais comment – qui guettaient mon arrivée à Luynes pour obtenir enfin l'image dont ils salivaient d'avance, Tapie en prison, en auront encore été pour leurs frais. Ils n'ont pu, une nouvelle fois, filmer qu'un banal fourgon cellulaire.

Je ne sais pas ce que l'administration pénitentiaire avait compris de la consigne ministérielle du fameux : « isolement strict pour mon bien », mais je me suis retrouvé dans une aile de la prison réservée à une dizaine de criminels considérés comme dangereux et violents (tentatives d'évasion, agressions sur des surveillants, etc.), totalement isolés des sept cent cinquante autres prisonniers, interdits de tout contact, de toute activité physique, intellectuelle et de divertissement. Cette situation est pire encore que les conditions insupportables vécues à la Santé. Vingt-trois heures sur vingt-quatre, sept jours sur sept dans une cellule plus petite, le lit scellé dans le mur, l'isolement absolu, et surtout plus de fenêtre à ouvrir, rien. Le directeur et son adjoint, tout à fait conscients de l'intolérable régime auquel on voulait me soumettre et constatant l'état dans lequel cette situation me plongeait, ont tenté d'intervenir auprès des autorités de tutelle compétentes. Mais rien n'y a fait, les ordres étaient donc bien donnés, avec les objectifs machiavéliques que j'imagine finalement.

Je suis arrivé là un jeudi soir, et pendant deux nuits et une journée, j'ai éprouvé la pire des souffrances, celle que la pudeur empêche de décrire. Une seule comparaison, étrange je le reconnais, me vient à l'esprit comme le contraire exact de cette souffrance : je pense à la jouissance physique de l'amour. Elle aussi vient du plus profond de l'être, elle aussi bouleverse inexplicablement, elle aussi balaie tout le reste, elle aussi se traduit par des gémissements, des cris, des pleurs et, lorsqu'elle est très violente, par des pertes de connaissance. C'est le comble indicible de la joie et de la félicité, comme ces heures sans fin étaient le comble de la souffrance et de la douleur. Bien plus dur que tout ce que j'avais éprouvé au long de ma vie. Je ne pourrai effacer de mon existence ces premières heures passées à plat ventre, le nez collé sur le sol, contre la porte de la cellule, la bouche grande ouverte, afin d'y aspirer le peu d'air qui filtrait.

Le samedi de cette terrible semaine, Dominique a obtenu l'autorisation de me voir. Elle me trouve à demi détruit par ce régime impitoyable. Elle me connaît bien. Nous n'avons pas besoin de nous parler, elle sent que je suis au bord de la rupture. Je lui demande de me pardonner d'avance... je veux qu'elle comprenne que je n'en peux plus, qu'il faut que cela cesse. Je parle par bribes car je sanglote dans ses bras. Je me reprends quelques instants, c'est la première fois qu'elle me voit dans cet état-là, j'ai honte. Le parloir sera court, d'ailleurs je n'ai même pas la force de le faire durer tout le temps autorisé. Elle a compris... Elle m'embrasse et, en même temps qu'elle me passe la main dans les cheveux, elle me donne rendez-vous pour lundi. Je lui murmure : « Oui, chérie, à lundi. » Mais au fond de moi, je n'y crois pas. Cela sera le seul moment de mon incarcération où l'envie d'en finir m'aura envahi, obsédé. Je l'implore : « Il faut faire quelque chose... Je ne peux pas rester comme ça, c'est impossible... Je t'en supplie... Essaie de faire quelque chose... »

Je suis emprisonné depuis trois semaines et, pendant tout ce temps, j'ai tourné et retourné dans ma tête l'idée, d'abord imprécise et confuse, mais ce jour-là évidente, aveuglante, que la prison avait un rapport obscur et intime avec la mort. Je me suis rappelé ces images d'un scorpion entouré d'un cercle de feu allumé par des hommes. Le scorpion faisait le tour de sa prison, il en éprouvait l'étanchéité totale et, dès qu'il l'avait vérifiée, il se donnait la mort d'un coup de son aiguillon, inconsciemment certain de n'avoir pas d'autre solution.

Je suis un homme, et comme tous les hommes je suis la proie d'une lutte permanente entre ma conscience et mon inconscient. L'inconscient qui ne supporte pas l'enfermement me suggère la mort à chaque instant. Et c'est ma conscience qui me dicte la lutte, la résistance coûte que coûte, qui m'impose le devoir de vivre; pour moi, mais surtout pour les miens. Cela existe chez tous les détenus. Quand la conscience et l'instinct vital sont trop forts, l'individu se cabre, se rebelle, pense à s'évader ou transforme ses pulsions de vie en agressivité, en rancœur. Quand l'inconscient, toujours à son travail souterrain, vient à l'emporter sournoisement, les détenus tentent de se supprimer. Et y parviennent quelquefois, trop souvent. Je veux sortir de cette logique-là qui n'a de sens que pour un prisonnier. Mais je refuse d'être un prisonnier. Dominique sent que je suis cependant près de sombrer. Elle sent que le temps lui est compté.

Dès sa sortie de la maison d'arrêt, elle tente de joindre un responsable du ministère de la Justice. On lui dit qu'on est samedi et qu'il n'y a personne pour lui répondre. Elle rappelle, car elle connaît le fonctionnement d'un cabinet ministériel, et insiste pour qu'on lui passe un interlocuteur, quel qu'il soit. Elle finit par trouver une femme de permanence au cabinet du garde des Sceaux. Et là, Dominique donne toute sa mesure. Elle crie. Elle est révoltée. Elle vide son cœur. Elle prévient son interlocutrice – qui ne lui répondra pas un seul mot – que son monologue est enregistré et qu'elle lui donnera donc toutes les suites nécessaires. Elle lui rappelle que je n'ai pas été condamné au cachot, ni au secret absolu, ni à l'isolement avec les grands criminels, et que je dois simplement être traité pas mieux mais pas plus mal que les autres, que M. Toubon le veuille ou non. Elle supplie et exige qu'il soit mis fin au régime disciplinaire, sorte de quartier de haute sécurité, qui m'est imposé alors que la loi française l'interdit. Elle menace, elle hurle, elle accuse tour à tour. Elle dit sa colère, sa peur, sa détresse.

Quoi qu'elle ait dit, elle a dû être convaincante car le lundi, tout en me maintenant au régime de l'isolement total, avec ses interdits, l'administration me transfère dans une cellule normale et identique aux autres cellules de la prison de Luynes, avec une fenêtre, une fenêtre qui s'ouvre. Je ne serai plus obligé de me coucher par terre pour essayer d'aspirer un peu d'air frais. Quant au reste, je suis toujours isolé. Pas de contacts avec les autres détenus, pas d'activités, pas de sport. Lorsque je vois ma femme ou mes avocats au parloir, on fait rentrer les autres prisonniers : je ne dois rencontrer personne. On a même changé les serrures de la porte de ma cellule, fait unique, pour éviter que des surveillants – éventuellement restés reconnaissants de la gloire de l'OM – puissent venir me faire la conversation quelques instants. Ils ne doivent pas me voir, puisque je n'existe plus.

La mort symbolique

Car j'ai compris ce qui était recherché. On veut que je disparaisse d'une manière ou d'une autre. Et si je refuse de disparaître physiquement, il faut que je disparaisse au moins symboliquement. Il ne s'agit plus seulement de me priver d'espace, de temps, de silence ou même de volonté ; il s'agit de m'anéantir. Il faut que le mal, que j'incarne tellement bien, soit vaincu.

La prison n'est rien d'autre que ce choix d'une destruction qui n'ose pas dire son nom. Vous trouverez toujours des juristes, des magistrats, des bonnes consciences, pour vous expliquer que, par la prison, la société se protège contre la violence du condamné, que, par l'exemplarité de la peine, elle se prémunit contre les délinquants en puissance, et que, par l'épreuve imposée, elle prépare la réinsertion du détenu. Foutaises !

Dans les prisons françaises, plus de la moitié des détenus sont en préventive, ils n'ont été ni jugés ni condamnés. Après six mois, un an, deux ans ou plus, nombre d'entre eux sont relaxés ; ils n'auraient jamais dû être incarcérés. Et pour un plus grand nombre encore, des magistrats complaisants légitiment la détention en prononçant des condamnations assez faibles qu'on dit « couvertes par la détention ». En réalité, c'est la détention préventive qui est couverte par la condamnation, comme si la justice avait pour devoir d'assumer les abus de la répression.

Et pour les autres, les vrais coupables, qui peut croire que la prison a les vertus qu'on lui prête ? Elle ne protège pas la société contre le condamné puisque, chacun le sait, elle est l'école de la délinquance, du crime et de la récidive. Elle ne dissuade pas par son exemplarité puisque les délinquants, au sens moral souvent très affaibli, trouvent que ce n'est pas un prix trop élevé pour la vie de facilité qu'ils ont choisie. Elle ne prépare pas la réhabilitation du condamné puisque tout dans la condamnation tend, au contraire, à briser définitivement son existence. Pour celui qui est allé en prison, l'emploi, le logement, la formation deviennent interdits. Et, sous la réprobation publique amplifiée par la presse, sa famille est condamnée avec lui. La prison ne prépare aucune réinsertion ; elle veille méticuleusement à l'interdire.

Il n'y a malheureusement pas de bonne solution, en tout cas je ne la connais pas. Il est vrai que la population carcérale regroupe beaucoup d'individus qui ont perdu repères sociaux et valeurs morales, et qu'on ne peut l'expliquer seulement par des raisons économiques ou par des problèmes affectifs. Je suis frappé de constater qu'après l'époque de la délinquance matérielle, du vol, de l'argent facilement obtenu qui procurait des plaisirs tangibles et dont le besoin pouvait être expliqué par des motifs sociaux, on est entré dans une nouvelle époque, celle de la drogue et de ses illusions, de la délinquance immatérielle, faite pour procurer du rêve et des paradis artificiels. On a quitté la recherche du plaisir pour la recherche du bonheur.

Si, demain, la répression venait à frapper toutes les classes de façon égale, le sniffeur de coke ou le fumeur des soirées mondaines comme le consommateur d'ecstasy des « rave-parties », on verrait bien alors que la délinquance ne s'explique plus seulement par des inégalités sociales et qu'il faut revenir aux failles, aux faiblesses présentes dans chaque individu. Il n'y a pas de système répressif collectif parfait, mais je sais qu'on a choisi le plus mauvais, que la prison ne répond à aucun de ses objectifs affichés et que, dans sa pratique quotidienne, elle est une véritable honte pour le pays des droits de l'homme. Le fameux quartier d'isolement où j'ai été accueilli à Luynes interdit en théorie des séjours supérieurs à trois mois, or, par des artifices de faux transferts, certains détenus y restent plusieurs années sans que cela n'émeuve personne.

Je pressentais, je devinais une partie de cette réalité : la prison n'est pas faite pour protéger la société de certains individus en les privant de liberté, elle est faite pour les détruire, les anéantir, les supprimer, avec le consentement, plus ou moins avoué, d'une très grande majorité de la population.

J'ai sous-estimé cette violence-là, celle de la destruction. Elle était pourtant inscrite en filigrane dans les pronostics des journalistes et de mes adversaires politiques. Depuis dix ans, j'entends leur désir, comme une complainte, plutôt comme une exigence : « Tapie, c'est fini », « Tapie, la mort d'un mythe »... Tous ces titres de presse et ces discours de tribune traduisaient une impatience : il fallait me mettre hors jeu, hors d'état de nuire non pas à la société mais aux pouvoirs, ce qui est bien différent. J'étais trop vivant pour que ceux qui ne vivent qu'à moitié ne désirent pas obtenir cette fin tant pronostiquée parce que tant désirée.

Et leur désir est encore inscrit dans leur recherche frénétique d'images, de photos. Il faut fournir la preuve. Je suis donc traqué jusque dans la prison. On photographie ma famille et mes amis, un hebdomadaire a publié une photo prise du toit d'un immeuble proche de la Santé où l'on me devine à travers les barreaux de ma « cage ». Un autre a payé une fortune pour une photo prise à plus de six cents mètres, où l'on me devine dans ma cellule, la tête posée entre deux barreaux. Une mise à prix d'un million de francs a même été lancée pour une photo de moi menotté. Elle est tellement importante cette photo-là, la prison refermée sur un homme, sur une vie, sur une époque. Dans la peine qui m'a été infligée, c'était bien ma mort politique, médiatique et sociale qui était recherchée. Eh bien, c'est perdu ! Tant pis. Je vis.

Le symbole du remords

On peut se demander cependant pourquoi le petit monde de la politique, de l'entreprise et du journalisme, qui dicte dans notre pays l'opinion dominante, se montre tellement attaché à ma disparition.

Même si j'avais commis toutes les fautes qu'on m'impute, je n'aurais sans doute pas mérité autant de haine ni même d'attention. Chacun sait pourtant que depuis des années, plusieurs dizaines de milliards sont sortis frauduleusement d'institutions publiques ou de grandes entreprises pour financer les partis politiques. A l'occasion de ces fraudes, une grande partie des fonds détournés – toujours à la charge du contribuable – ont servi à enrichir des élus de tous bords. A quelques exceptions près, ceux-ci ont pourtant droit à la paix, au respect de leur vie de famille, à la sauvegarde de leur intimité et à la préservation de leur patrimoine. Il ne me vient pas l'envie de dénoncer tel ou tel, ni de faire l'inventaire de toutes les turpitudes dévoilées quotidiennement (les appartements sous-loués, les rapports fictifs, l'utilisation à titre privé d'employés municipaux, la surfacturation, les milliers d'attributions de marchés publics sans réels appels d'offres, les milliards de commissions bidons versés par les compagnies institutionnelles à des intermédiaires pour des prestations imaginaires, etc.). Mais les deux cent cinquante mille francs retrouvés dans le jardin d'un footballeur peuvent paraître bien dérisoires. Et mes huit mois de prison fermes bien sévères.

L'explication est ailleurs, évidemment : je symboliserais tout ce dont la société ne veut plus, la réussite économique sans scrupules, l'ambition dévorante, la gagne quel qu'en soit le prix, l'argent, toujours l'argent, le sport médiatisé, les shows politiques à la télé, le populisme, etc. Bref, le résumé est vite fait : les années 80, celles de ma prétendue splendeur, auraient été celles de toutes les dérives, de toutes les perversités et de tous les scandales, tandis que les années 90, celles de ma décadence totale, seraient celles d'un sursaut moral collectif des classes dirigeantes de notre pays.

Je souligne d'abord que je n'ai jamais voulu symboliser quoi que ce soit. Ni l'argent d'hier ni la morale d'aujourd'hui. Ni le succès dans les années 80 ni l'interrogation sur le succès dans les années 90. J'ai eu l'ambition de vivre, de réussir ma vie plus que de réussir dans la vie, de façon libre, en respectant certains principes inculqués dans ma jeunesse et un minimum de solidarité vis-à-vis des plus malheureux.

Mais, franchement, le fait de m'avoir emprisonné,

ruiné, déchu, humilié, a-t-il rendu la société plus morale ? Les chefs d'entreprise, les banquiers, les hauts fonctionnaires, les élus de tout poil, les dirigeants de clubs de football sont-ils devenus plus scrupuleux, plus irréprochables ? N'y a-t-il plus aujourd'hui de ces fortunes bien plus rapides que la mienne et autrement plus suspectes ? Croyez-vous que les compétitions sportives soient désormais transparentes et sans rapport avec l'argent, et que l'on bannisse toute forme de triche, avec notamment l'usage du dopage ? Croyez-vous qu'il n'y ait plus d'argent public gaspillé par malversations, ou par incompétence ? Vous ne le croyez pas, évidemment, et personne ne peut le croire. Notre classe dirigeante s'est affublée de l'habit de l'immaculé comme on passe un déguisement, un travestissement. Elle s'est, en quelque sorte, maquillée à la morale et installée dans des poses théâtrales qui se donnent pour la vertu, de ces postures de rigueur qui dissimulent mal les mauvais acteurs et qui utilisent le sondage et le marketing comme règles de vie.

La vérité est beaucoup plus simple : les dirigeants de ce pays sont tellement conscients de leurs responsabilités qu'ils croient s'en exonérer en fermant la porte fictive des fameuses « années 80 ». On la claque et on la ferme à double tour ; c'est la porte de mon cachot que l'on ferme, comme si je pouvais, à moi seul, résumer la dérive matérialiste de notre société, l'assumer, l'incarner, et, à la fin, l'expier. Je l'ai dit, je n'ai aucune vocation à être un symbole mais, si j'en étais un, je ne symboliserais pas les défauts passés de notre société, je porterais les remords de ses dirigeants. Dans un livre, guère bienveillant, qu'ils m'avaient consacré, deux journalistes effleuraient en conclusion ce rôle de bouc émissaire qu'on a voulu me faire jouer, ils écrivaient : « Le flambeur (c'est-à-dire moi) est un menteur. Mais c'est un menteur qui dit la vérité. Celle que personne ne veut entendre. »

Pourquoi moi, me demanderez-vous ? Je me le suis souvent demandé aussi. La première raison n'a évidemment échappé à personne, il est plus facile de s'en prendre à moi qu'à d'anciens ministres d'État, installés dans les états-majors des partis puissants, ou qu'aux grands chefs d'entreprise, des compagnies de distribution des eaux ou du bâtiment et des travaux publics, même si, par effet d'annonce, de temps en temps, on met untel en examen ou tel autre en garde à vue. Mais c'est un de mes adversaires, peu complaisant, qui m'a involontairement suggéré la réponse. Lors de l'appel du procès de l'affaire OM/VA, l'avocat général, frappé par les débordements de la presse, a énoncé en substance ce principe simple : « Il est naturel que celui qui a vécu par l'image périsse par l'image. »

Voilà le problème : notre époque est celle de l'image, et la vie elle-même se réduit désormais au spectacle de la vie. Tout dans notre société est devenu une sorte de music-hall : le sport, la politique, et même la religion. Aucun exploit sportif ne peut exister en l'absence de caméras. Aucune grande décision politique n'est prise si elle n'est pas annoncée au journal de 20 heures. Et j'ai vu sur la télé de ma prison un responsable bosniaque déclarer à l'occasion de la visite de Jean-Paul II à Sarajevo : « C'est le plus grand. Plus grand encore que Michaël Jackson... » Textuel.

Quelques prédispositions, quelques amis, quelques hasards aussi ont assuré ma mise en scène. J'étais en vue. J'étais partout. Et je n'ai pas toujours résisté à la tentation de ressembler à l'image qu'on projetait de moi, favorisant ainsi ce processus malsain ; je n'exclus donc pas ma part de responsabilité. Elle est en fin de compte essentielle. Par une alchimie inexplicable et qui reste toujours dans ces cas-là un mystère, une grande partie du public s'est passionnée pour mes aventures, pour mon bonheur d'hier, pour mes malheurs d'aujourd'hui.

J'emploie à dessein le mot « passionné », puisqu'on me dit que je ne laisse personne indifférent : on m'aime à l'excès ou on me déteste au-delà de toute raison. Quels que soient les motifs de cet étrange engouement, le résultat en est clair : qu'il s'agisse de mes succès passés ou de mes déboires actuels, je fais vendre. Les chaînes de télévision ont des recettes pour soigner leur audience, les journaux ont des trucs pour améliorer leurs ventes. J'en fais partie, même pour ceux qui consacrent leurs émissions ou leurs colonnes à déplorer ma médiatisation.

Chacun fait mine de condamner le pouvoir de l'image et chacun y consent. A force de ne regarder que des images, notre société ne peut plus voir son propre reflet. Et ses dirigeants croient qu'ils vont modifier la réalité en brisant le miroir si l'image ne leur convient plus. J'étais le plus médiatique et, par là, le plus désigné à la vindicte : puisqu'on ne pouvait plus s'attaquer aux vraies causes de la décadence de notre société, il suffisait de désigner la figure emblématique que j'étais devenu à mon corps défendant et de la briser.

Je n'aurais, à vrai dire, jamais joué ce rôle si j'étais demeuré dans les marges qu'on accorde aux « saltimbanques », dans les limites du tolérable. Amuseur, ça va. Repreneur d'entreprises moribondes, ça peut encore aller. Dirigeant d'une équipe cycliste et d'une équipe de football qui gagnent, ça devient limite. Mais la politique, ça non, c'en est trop. Non pas en raison des défauts ou des fautes qu'on me prête. Beaucoup de gens extrêmement malhonnêtes, au passé tout à fait trouble, aux projets très dangereux, vivent de la politique et s'en portent très bien. Mais ceux-là jouent le jeu et moi j'ai refusé de le jouer. Dans ce pays où la politique est binaire, j'étais trop marqué par mes relations à gauche pour être apprécié de la droite et trop riche et trop attaché aux libertés individuelles pour être totalement adopté par la gauche.

Ne vivez pas au singulier

Toute ma vie je me suis amusé – je m'amuse encore – à déjouer les certitudes dominantes, à ridiculiser les conformismes, à combattre les postulats et les préjugés de « ceux qui savent ». Combien de fois n'ai-je pas entendu : « Celui-là, il ne fait rien comme tout le monde ! » : en réalité, je ne fais rien comme ceux qui veulent dicter leur conduite aux autres. Je ne suis donc pas convenable. Et puisqu'on veut me faire jouer, malgré moi, un rôle de symbole, soit ! Je suis le symbole du singulier, de l'individu qui ne se laisse pas enfermer dans une catégorie, de la liberté qui s'insurge contre un ordre qu'elle n'a pas contribué à définir. Des exemples ? On les trouvera peut-être un peu puérils, mais de toute ma vie, je n'ai jamais eu sur moi ni papiers d'identité, ni argent liquide, pas plus de porte-documents, pas même de clefs. Tout ce par quoi la société prétend définir un individu et le réduire à ses statistiques, à une immatriculation, à une situation économique connue, à une profession définitive, à un domicile fixe, je l'ai toujours refusé, comme par une rébellion intime de ma personnalité, pas par jeu, ni par provocation, encore moins par manque de respect des institutions. Cela m'a valu pas mal d'ennuis, de contrôles, d'interrogations et d'incompréhensions. Mon épouse a souvent été obligée de venir, dans un magasin ou dans un commissariat, démêler les quiproquos que cet étrange comportement provoquait à l'époque où j'étais inconnu. Je suis réfractaire à l'embrigadement. Quand j'étais jeune, Georges Brassens chantait cela très bien : « La musique qui marche au pas, cela ne me regarde pas (...) Mais les braves gens n'aiment pas que l'on suive une autre route qu'eux. »

Cette singularité forcenée, cette confiance en mon étoile et en ma liberté ne gênaient guère que moi aussi longtemps que je ne me suis pas mêlé de faire de la politique. C'est d'ailleurs cet individualisme lui-même qui me protégeait de l'engagement politique dont je redoutais le militantisme suiviste et le dogmatisme forgé à mille certitudes. J'ai toutefois décidé il y a neuf ans que le jeu en valait la chandelle. J'y ai été un peu poussé, certes, j'y reviendrai dans le détail, mais je reconnais qu'en entrant dans ce nouveau monde j'ai moi-même enclenché le mécanisme par lequel les puissants allaient tenter de se débarrasser de moi : il ne fallait pas laisser Tapie se mêler des affaires des autres.

Qu'il soit attaché à sa propre liberté, passe encore, mais qu'il suggère aux citoyens d'user eux aussi de la leur, voilà ce que les pouvoirs ne pouvaient supporter. Je les comprends d'autant mieux que cette suggestion était, semble-t-il, entendue et de mieux en mieux accueillie. Sur le terrain politique aussi je gagnais des matchs (élections législatives, régionales, cantonales, européennes). Chaque fois par des scores qui démentaient complètement les pronostics. Je menaçais l'ordre établi.

Irrespectueux, inconvenant, indocile, mal élevé, fort d'une « grande gueule » et d'un franc-parler, j'étais en passe de fédérer beaucoup de ceux qui veulent vivre au singulier et qui considèrent – à juste titre – que l'intérêt collectif n'est pas incompatible – au contraire – avec la somme des intérêts individuels. Ceux qui étaient victimes de l'injustice, bien sûr. Les exclus, les immigrés, les chômeurs, tous les déracinés (plus de 700 000 des 2 500 000 électeurs qui ont voté pour ma liste aux élections européennes n'avaient jamais voté auparavant). Ceux qui ne supportent plus l'arrogance des technocrates ni la morgue de certains guichetiers. Ceux qui pointent au chômage, ou n'en ont même pas le droit. Ceux qui « emmerdent » les gendarmes quand ceux-ci sont arrogants, ceux qui détestent les banquiers qui méprisent les petits clients. Ceux qui veulent le progrès social sans être obligatoirement syndiqués. Ceux qui ne supportent plus les tracasseries administratives, l'inquisition fiscale, les formalités bureaucratiques. Tous ceux qui veulent simplement vivre et qui n'acceptent plus que quelques-uns leur imposent de faire la queue tandis qu'ils se faufilent par les portes « prioritaires ».

Plus développé peut-être qu'ailleurs, ce tour d'esprit français qui consiste à privilégier sa liberté est, en lui-même, la plus grande menace pour les pouvoirs. Ce qu'on a appelé la « pensée unique » n'est rien d'autre que le moule de conformisme intellectuel, de docilité sociale, de résignation politique, dans lequel on tente de modeler l'ensemble des individus. La coalition des techniciens bien-pensants qui gouvernent nos sociétés n'aura de cesse d'avoir fait passer tous les citoyens par ce moule-là. Les Américains ont inventé une expression pour évaluer la conformité des individus, des discours et des actes à un modèle : le « politiquement correct ». Pour ma part, je suis « politiquement incorrect »... et plutôt fier de cette tare inguérissable. Je ne me résoudrai pas à ce monde normalisé où, par les vertus de la communication universelle, le singulier tend à disparaître. Je ne m'accommoderai pas de cette uniformité-là, elle tue les individus alors que l'universalisme ancien s'enrichissait de leurs singularités. De toute mon énergie, je refuse l'avènement de la pensée unique.

Isolé, j'étais amusant. Engagé, j'étais déjà inquiétant. Populaire, je suis devenu carrément dangereux. Radicalement. J'ai eu le tort d'afficher une ambition élevée : je prétendais être utile si je devenais maire de Marseille. On m'en a prêté une autre, bien plus élevée encore : je nourrissais, paraît-il, en secret le projet d'être candidat à l'élection présidentielle.

Rien de moins. J'ai vu alors se constituer contre moi une sorte de Comité de salut public dont les membres n'avaient qu'une cause commune, celle de ma disparition. Certains y adhéraient par intérêt : les objectifs qu'on m'attribuait dérangeaient forcément bien des petits calculs, bien des spéculations, bien des intérêts personnels. D'autres, plus nombreux, s'y trouvaient par conviction : j'étais, au moins potentiellement, un fauteur de désordre, une sorte de barbare, de pirate, un être sans morale et sans principe, puisque je n'avais ni leur pseudo-morale ni leurs prétendus principes. Quelles qu'aient été les motivations – calcul réel ou moralité feinte – du comité, j'y ai vu entrer tout ce que mes mauvaises manières m'avaient valu comme ennemis dans le monde des affaires « chic », dans celui du sport « toc » et du journalisme « choc », ou encore dans l'univers parfaitement clos de la bonne politique traditionnelle.

La guerre – puisqu'il faut l'appeler par son nom – a commencé lorsque je suis entré au gouvernement en 1992. On aurait pu accepter le reste, mais pas que je devienne ministre de la Ville, c'était bien plus que ces mondes de pouvoirs enchevêtrés ne pouvaient accepter. Ce Tapie était devenu indésirable. Ils ne l'ont pas dit comme ça, bien sûr : on a trouvé des prétextes, mille prétextes, pour me mettre en prison. Puisque je n'acceptais pas leur règle du jeu, j'étais un tricheur. Mais le vrai motif de leur coalition était bien mon insupportable singularité.

II
OM/VA, LA VÉRITÉ

J'ai dans ma cellule une petite télévision. Je n'y regarde que les informations pour ne pas m'habituer au pseudo-confort qui pourrait me faire tolérer mon enfermement. La télé et les conversations entre les surveillants m'apportent des nouvelles du monde extérieur. Des nouvelles terribles : quatre jeunes filles sauvagement assassinées dans le Pas-de-Calais. Des nouvelles sombres : le couple Mégret emporte les élections municipales à Vitrolles. Des nouvelles prodigieuses et inquiétantes : avec la brebis Dolly, l'homme est capable de recréer la vie. Je ne reçois du monde que ces images fragmentaires et j'ai tendance, dans mon étrange situation, à relativiser même les plus importantes. Mais je m'étonne encore régulièrement de la passion qui entoure les informations sur l'Olympique de Marseille. Même dans cette prison, pour les détenus comme pour les surveillants, ce club tant aimé, cette équipe incomparable, parviennent à instaurer un lien social, un sujet de discussion et de réconciliation. Dans ma position, d'autres seraient dégoûtés du football à tout jamais. Pourtant, je souffre encore, trop souvent, et j'exulte quelquefois, trop rarement, avec les joueurs et avec l'extraordinaire public marseillais. Et tout au long de mes journées sans objet, je revois, minute après minute, le film de la fameuse affaire qui me vaut d'être ici.

Je suis responsable de tout

Des milliers d'articles de presse, des centaines de sujets télévisés, des reportages à pleines pages de magazine, ce fut la plus extraordinaire couverture médiatique de ces dix dernières années. Plus que pour l'élection de Bill Clinton ou celle de Boris Eltsine, au moins autant que pour la guerre du Golfe pourtant bien médiatisée. Des centaines de policiers aux trousses du moindre protagoniste, à l'affût du plus petit indice; des dizaines de commissions rogatoires, des heures et des heures d'interrogatoires; des perquisitions à ne plus savoir que perquisitionner; ce fut le déferlement judiciaire le plus extravagant qu'on ait vu depuis longtemps. Et puis la presse, un procureur à la une, un juge d'instruction devenu star, des secrets d'instruction à longueur d'édition, des révélations à tour de bras, des chuchotis judiciaires transformés en scoops, les robes noires devenues habits de lumière. Le feuilleton de l'été puis le feuilleton de l'année. L'affaire du match OM/VA, devenue l'affaire Tapie et puis l'Affaire, tout simplement. Nouvel épisode. Nouveaux rebondissements. Le troisième homme. L'argent enterré. L'affaire dans l'affaire. L'alibi de l'alibi. Suspense. Surprise. Coup de théâtre. La meute. L'hallali. Aux abois... J'en passe et des meilleurs ; tous ces titres qui semblent tirés d'un mauvais roman-feuilleton ne donnent qu'une faible idée de l'immense travail de la presse pour maintenir en haleine le public qui lui payait assez cher ce mauvais travail de chasse à courre transformée en chasse à l'homme.

S'agissait-il de confondre Al Capone ? Ou Landru ? Ou je ne sais quel serial killer ? Ou même un tueur de plus petit gabarit aux crimes particulièrement atroces ? S'agissait-il d'arrêter un voleur d'argent public ? Un élu corrompu ? Un détrousseur d'organisations caritatives ? Ou même un pilleur de troncs ? Il ne s'agissait, en vérité, que d'un match de football, et je crois juste de dire que le déchaînement judiciaire et journalistique était plus que disproportionné...

Pour autant, je ne veux pas atténuer ici l'importance de cette affaire. Beaucoup estiment aujourd'hui que j'ai été injustement puni ; c'est aussi mon avis. Et ceux qui pensent que cette affaire a été artificiellement montée en épingle ont envie de la minimiser, de la réduire à rien ou de la nier, tellement ils trouvent injuste la situation qui m'est faite. Je lis ce plaidoyer dans le courrier chaleureux que je reçois : « une malheureuse histoire de football... », « en prison pour une affaire de ballon... », « quand on pense à ceux qui détournent de l'argent public, être condamné pour deux cent cinquante mille francs enterrés dans un jardin, c'est injuste... », etc. Je le leur dis tout net : ils se trompent.

On m'a reproché bien d'autres choses et on me prédit d'autres démêlés judiciaires. Je m'en expliquerai aussi mais, dans tout ce qui m'est reproché, je n'ai pas le sentiment d'avoir commis de fautes. Sauf dans l'affaire OM/VA. Là, il s'agissait du rêve, du sport, du jeu, de l'avenir d'un club et, autour de lui, de l'avenir d'une ville. J'ai trop cru au rêve et j'ai sous-estimé la réalité. Par amour d'une ville, d'un sport et de toute une jeunesse, j'ai voulu protéger mon club que d'autres voulaient abattre. J'ai été pris au piège de mon propre succès. A vouloir trop bien faire, j'ai perdu, et le rêve s'est brisé.

Il importe peu que les sommes dissimulées par tel ou tel aient été dérisoires, que les trucages de nos concurrents aient été ordinaires, que les coups de nos adversaires aient été déloyaux. Ce qui est pur dans le regard d'un enfant doit le rester. Et je veux assumer toutes mes responsabilités, y compris pour les actes que je n'ai pas commis et dont je n'avais pas été informé.

Enfin racontée, voici ma vérité sur cette affaire. Je n'en dissimule rien et je suis soulagé de pouvoir la livrer. Après mes juges, chacun pourra me juger.

Une affaire invraisemblable

Le mercredi précédant le match, l'affaire démarre par la visite que Jean Fernandez, l'ancien entraîneur de l'OM (qui est aussi l'ancien entraîneur de Cannes, donc de Primorac qui jouait à Cannes avant de devenir entraîneur de Valenciennes), fait à Jean-Pierre Bernès, à Marseille, pour lui suggérer, à mots à peine couverts, classement en main, que VA et l'OM seraient bien inspirés d'un résultat nul pour le prochain match qui doit les opposer.

Arithmétiquement, l'OM qui a fini champion avec six points d'avance sur le PSG, deuxième, possédait déjà quatre points d'avance avant le match de Valenciennes et avant de rencontrer, l'avant-dernière journée du championnat, le PSG à Marseille. C'est dire à quel point le titre de champion était dans la poche, quel que soit le résultat du match contre VA ! Par contre, pour VA, un point était indispensable pour espérer se maintenir en première division.

Fernandez rappelle aussi à Bernès que, faute d'accord, le match risque d'être disputé dans un climat de guérilla, car la survie du club de VA est en jeu. Il ne voudrait pas que dans ces conditions quelques blessures de joueurs de l'OM viennent handicaper l'équipe pour cette finale historique de la Coupe d'Europe que nous devons encore disputer à Munich contre le Milan AC. L'argument porte, évidemment, d'autant que Saint-Étienne a perdu sa finale, contre le Bayern, chacun s'en souvient, parce que des blessures avaient privé l'équipe de ses meilleurs atouts, en particulier Dominique Rocheteau. Et que l'OM n'oublie pas non plus que sa première finale de Coupe d'Europe contre l'Étoile rouge de Belgrade, perdue aux tirs au but, deux ans auparavant, ne l'a été que parce que ses meilleurs atouts n'étaient pas opérationnels à cent pour cent (Waddle diminué et Stojkovich blessé qui était considéré à l'époque comme le meilleur joueur du monde).

Voilà donc ce que Bernès me raconte le soir même de son entrevue avec Fernandez. Il faut préciser aux non-initiés que les matchs nuls, « arrangeant » les deux équipes, sont évidemment courants, en particulier dans les dernières journées de Championnat ou dans les phases finales de Coupe du monde, lorsqu'un point suffit à chaque équipe pour se qualifier pour le prochain tour.

La suite n'est faite que de péripéties contradictoires qui, aujourd'hui encore, ne me permettent pas d'affirmer ce qui s'est réellement passé la veille du match entre Bernès et certains joueurs de VA, avec la participation d'Eydelie, joueur ayant la particularité de faire partie de l'effectif de l'OM et d'être l'ancien partenaire des trois joueurs de Valenciennes dont il sera question : Robert, Burruchaga et Glassmann.

Toujours est-il que lorsque j'arrive au stade de Valenciennes, le 20 mai 1993 un peu avant 20 heures, M. Coencas, le président de VA, me dit son indignation, car trois joueurs auraient été approchés par Bernès afin qu'ils ne disputent pas le match dans des conditions normales, en échange d'une promesse d'argent. J'ai bien dit une promesse. Il me dit que ces joueurs se sont confiés à leur entraîneur.

Cette affirmation ne correspond pas du tout à l'affaire telle que me l'avait exposée Bernès le fameux mercredi. N'en ayant plus jamais reparlé avec lui depuis ce jour-là, je le fais venir. Et là, il nie catégoriquement cette version des faits devant tous les dirigeants de VA, qui d'ailleurs n'insistent pas.

Le match n'ayant pas encore débuté, s'ils croyaient à la tentative de corruption, ils devaient se plaindre auprès des délégués du match, ce qu'ils n'ont pas fait.

Le match commence, et il se déroule bien entendu tout à fait normalement, mis à part cet incident dont on reparlera plus tard : la blessure de Robert. Nous sommes à côté des dirigeants de VA, Jean-Louis Borloo, le maire de Valenciennes, étant d'ailleurs un ami personnel, et tout se passe pour le mieux dans le meilleur des mondes. Jusqu'au moment où Boksic, cela n'étonnera personne, marque un but. Et l'OM, à la mi-temps, mène 1-0. Glassmann hurle alors dans les couloirs : « Ce Boksic, je vais le casser en deux, il ne jouera pas la finale », tandis que les dirigeants de VA se précipitent sur les délégués du match pour leur indiquer que, la veille au soir, a eu lieu une tentative de corruption. Curieuse morale que celle qui consiste à dénoncer la tentative de corruption à partir du moment où VA est en train de perdre le match.

Grain de sable

Près de quatre ans plus tard, chacun croit encore que les Marseillais ont approché les joueurs valenciennois Robert et Burruchaga parce qu'ils étaient les plus talentueux, Glassmann parce qu'il était le stoppeur et donc celui qui a mission de « fracasser » lorsque le jeu devient trop viril. Chacun croit aussi qu'une somme d'argent a été remise à Robert. Quant à moi, je ne crois pas du tout que l'affaire se soit déroulée comme elle a été racontée et comme elle a été jugée. A aucun moment les joueurs – pas même Glassmann d'ailleurs – n'ont fait état de sommes qui auraient été remises avant le match, ni à Robert ni à personne d'autre. S'il y avait eu accord, cet accord pas malin passé par des gens trop malins aurait buté sur un obstacle de taille : les joueurs approchés avaient en effet des intérêts totalement opposés. Christophe Robert avait reçu une proposition de transfert de Lille, et son contrat prévoyait qu'il devenait libre de tout engagement si VA descendait en deuxième division. Dans ce cas, c'était donc lui qui percevait les deux millions prévus pour le montant de son transfert ; si Valenciennes se maintenait en première division, Robert restait sous contrat avec VA et, dans ce cas, les deux millions allaient dans les caisses de VA. La « blessure » imaginaire de Robert n'avait donc rien à voir avec la conversation qu'il aurait eue la veille avec Bernès.

Pour Jacques Glassmann, qui a réussi à se faire passer pour le chevalier blanc du football français, la situation était inverse : dans son contrat figurait une clause qui lui octroyait une prime très importante et une prolongation de son contrat si VA se maintenait en première division. Il paraît donc incompréhensible que Bernès ait pu tenter de décider Glassmann à faire perdre son équipe pour deux cent mille francs. On peut dès lors se demander si Glassmann n'a pas dénoncé les faits non dans un souci moral mais par intérêt personnel car il a attendu que VA perde le match pour dénoncer publiquement la tentative de corruption. En fait, les dirigeants de VA et lui-même, ignorant les règles, croyaient sans doute pouvoir faire rejouer le match en déposant ces réclamations.

J'ai appris par la suite que Michel Coencas avait joué à Londres, à 6 contre 1, un million de francs pour le maintien de Valenciennes en première division. On comprend mieux pourquoi M. Coencas, très peu passionné par le foot à vrai dire, voulait coûte que coûte que VA reste en première division. Mais j'aurais souhaité que M. le procureur, averti de ce curieux pari, interroge le représentant des Lloyds (compagnie d'assurance qui a relevé le pari), car la victoire de VA contre l'OM aurait coûté à la compagnie six millions de francs... Comme personne n'a pu réellement démontrer d'où venait l'argent providentiel déterré du jardin, peut-être cette piste valait-elle la peine d'être suivie !

Je n'ai pas participé au trucage, mais j'ai compris à ce moment-là que, dans les calculs pitoyables de ceux qui avaient monté ou envisagé l'arrangement, il s'était peut-être glissé un imprévu qui allait transformer les complices en victimes.

L'argent sort de terre miraculeusement

Pendant les heures et les jours qui suivent, Bernès maintient la version qu'il nous a donnée au début. Il a bien téléphoné à Christophe Robert et à Boro Primorac, mais pour des conversations banales sur le foot et sur leurs métiers respectifs, sans aucun enjeu immédiat. Pour ma part, je m'en tiens à cette version, d'autant que je sais Bernès assez malin aux manœuvres d'intox d'avant match, le plus souvent avec mon accord.

Cette version est cependant sérieusement mise en doute par une révélation qui survient quelque temps plus tard. Le 24 juin 1993, je donne à Marseille une conférence devant quatre cents décideurs, chefs d'entreprise, entrepreneurs, commerçants de la région, sur l'avenir de l'OM. Le rayonnement du club est à son apogée, nous sommes champions de France pour la cinquième fois consécutive, champions d'Europe, une foule de nouveaux actionnaires-partenaires ont décidé d'entrer dans le capital de l'OM. L'OM bat toutes les recettes de spectateurs et pulvérise les audiences TV. Marseille change d'échelle; nous sommes sur le point de rejoindre le FC Barcelone ou le Milan AC dans la catégorie des très grands. Pendant la conférence, on me fait passer un message m'annonçant que Christophe Robert est en garde à vue. Je ne m'en émeus pas outre mesure : cela ne change rien, pour le moment, à la thèse de l'OM.

A la fin de la réunion de presse, changement de ton. Des journalistes locaux, sincèrement amoureux de l'OM, m'apportent une précision : Robert a avoué avoir reçu de l'argent marseillais, il en a indiqué la cachette et, de fait, l'argent a été retrouvé. L'affaire prend une autre dimension : il semble établi par cet aveu que quelqu'un, à l'OM, a fait cette grosse « connerie ». Qui ? Comment ? Pourquoi ? Il faut prendre cet imbroglio au sérieux; le pire peut en sortir.

Je sais à ce moment que cette histoire vient de passer du niveau de l'anecdote à celui d'une affaire susceptible d'empoisonner l'OM durablement. Je ne suis pas en cause, mais mon club est accusé.

Je flaire un peu la manipulation lorsque j'apprends les détails : l'argent aurait été caché par Christophe Robert dans le jardin de sa belle-mère... Tout le milieu du foot connaît Christophe Robert comme un joueur talentueux qui gagne assez à VA pour ne pas cacher de l'argent liquide. Nous savons qu'il a sollicité un de nos joueurs, Jean-Jacques Eydelie, qui est de ses amis, pour lui emprunter de quoi monter un restaurant. Nous apprendrons un peu plus tard qu'il vient d'acheter une Jaguar, mais enfin et surtout, on ne découvrira jamais, malgré mille hypothèses et expertises, le moindre lien (empreintes, enveloppe, trombones...) entre l'argent retrouvé et l'OM, ses cadres ou son administration. Aujourd'hui encore, si je suis certain qu'il y a eu tentative de corruption, je reste dubitatif sur cette histoire d'argent enterré qui tombait tellement bien pour les enquêteurs... Croire qu'un joueur de football tel que Christophe Robert puisse enterrer dans son jardin une enveloppe contenant deux cent cinquante mille francs en espèces, pendant des semaines, c'est croire qu'un ivrogne est capable d'enterrer des bouteilles alors que son verre est vide.

Je le dis alors à plusieurs reprises : puisque des insinuations commencent à me désigner comme l'auteur de ce coup tordu, ceux qui croient à l'argent sorti de terre me prennent donc à la fois pour un malhonnête et pour un imbécile. Il me semble, en effet, que si j'avais organisé un tel truquage, j'aurais donné l'argent après le match plutôt qu'avant. Je rappelle aussi que les grands clubs français (Saint-Étienne, Bordeaux) ont été victimes, à leur apogée, de campagnes de rumeurs soigneusement orchestrées. C'est le tour de Marseille.

L'affaire dans l'affaire

Quoi qu'il en soit de l'argent miraculeusement déterré, je suis encore certain que le véritable état-major de l'OM n'est pas impliqué, et c'est moi qui suggère au président de la Ligue de déposer plainte lorsqu'il me fait part de ses inquiétudes à l'occasion de la réception du 14 juillet à l'Élysée. J'apprendrai par la suite qu'il avait en fait décidé de le faire avant même que je le lui suggère. Je suis toujours fermement adossé à la version de Bernès – l'OM n'est pour rien dans cette histoire – lorsque survient quelques semaines plus tard un mini-coup de tonnerre. Le 4 juillet 1993, *Le Journal du Dimanche* révèle que j'aurais rencontré Boro Primorac, l'entraîneur de Valenciennes. Dans les jours qui suivent, toute la presse emboîte le pas : j'aurais proposé à Boro Primorac de « porter le chapeau » dans l'affaire de corruption en échange d'avantages tels qu'une somme d'argent et un poste d'entraîneur à Bastia.

Si la nouvelle est de taille, sa présentation est tellement stupide qu'elle ne peut résister à une analyse de bonne foi. Pour trois raisons. D'abord, les joueurs valenciennois et surtout Jean-Jacques Eydelie, le Marseillais soumis à d'intolérables pressions pendant sa détention, ont déjà avoué la tentative de corruption. Il n'y a donc plus aucun « chapeau » à porter. Ensuite, un entraîneur qui avouerait avoir tenté de truquer un match n'aurait aucune chance de retrouver rapidement une responsabilité dans le foot ; ni moi ni personne n'aurait pu proposer un tel accord à Primorac. Enfin, si nos deux clubs entretiennent de bonnes relations, je suis absolument incapable, même par influence, de faire recruter l'entraîneur de Bastia. Voilà pourquoi les analyses de la presse ne m'inquiètent pas excessivement à ce stade.

En revanche, je suis beaucoup plus partagé sur un autre point : dois-je reconnaître, oui ou non, que j'ai rencontré Primorac ? Je l'ai rencontré le 17 juin 1993. Pas à ma demande, pas dans mon bureau et pas plus de cinq minutes. L'affaire est assez simple, même si les intentions des initiateurs de cette rencontre étaient passablement tordues. Un restaurateur de plage cannois, ami de Primorac, et le frère d'un restaurateur corse que je connaissais de vue avaient eu ensemble une idée géniale : ils allaient s'entremettre pour monter un accord entre Primorac et moi, probablement certains que je leur paierais cet accord au prix fort. L'enquête avait établi que Bernès avait téléphoné à l'hôtel où séjournaient les joueurs de Valenciennes. Bernès avait prétendu qu'il avait appelé Primorac. Les deux intermédiaires prétendaient pouvoir faire confirmer par Primorac que cette version était vraie.

Aussi, lorsque Primorac arrive accompagné de ces deux fameux intermédiaires dans le hall de BTF (Bernard Tapie Finances), et non dans mon bureau occupé par des collaborateurs, je constate vite que, contrairement à ce qu'on m'avait annoncé pour justifier que je les reçoive, mon visiteur n'a bizarrement plus rien à dire. Je ne saurai jamais quels arguments ils ont utilisés pour l'amener à ce rendez-vous qui fut le rendez-vous, improvisé, le plus court de ma vie. Lui et les deux protagonistes sont donc repartis. On apprendra par la suite que la présence de deux caméras de sécurité à l'entrée des bureaux du siège de BTF, qui filment en permanence les entrées et sorties, a laissé croire à Primorac qu'il s'était fait piéger et justifie probablement qu'il ait soudain perdu toute envie de me parler de quoi que ce soit. L'incident Primorac est clos. C'est ce que je crois, le 17 juin 1993 à 15 heures.

Mais les révélations de la presse m'obligent à gérer cette nouvelle affaire, puisque nous apprenons que Primorac, sur les conseils pressants et intéressés d'Arsène Wenger, l'entraîneur de Monaco, est allé rapporter cette visite au juge Beffy et au procureur de Montgolfier, ravis d'une telle aubaine dans une affaire où ils n'ont pas grand-chose pour étayer leurs accusations. Des accusations dont je suis la seule véritable cible. Je suis plutôt d'avis de reconnaître la rencontre, puisque je n'en étais ni l'initiateur, ni le demandeur ni le bénéficiaire. Un de mes avocats est de l'avis inverse : si je reconnais avoir vu Primorac, même si c'est lui qui a fait le déplacement de Cannes à Paris, on va tenter de m'accuser de subornation de témoin et, partant, la tentative de corruption sera sinon établie du moins présumée. La suite prouvera que mon avocat n'avait pas tort de redouter une certaine mauvaise foi dans l'instruction des affaires me concernant. Son conseil est clair : ce sera ma parole contre celle de Primorac, il n'y a pas de preuves, il faut nier. Deuxième erreur.

L'alibi Mellick

Erronée ou pas, cette ligne sera la mienne. Je soutiens n'avoir jamais « reçu Primorac dans mon bureau », ce qui est littéralement la vérité... Reste à prouver, croyons-nous, que je n'ai pas pu le voir parce que j'étais occupé par ailleurs. En fait, nous n'avions rien à prouver, ce que démontrera une opération très curieuse menée par le juge Beffy quelques jours plus tard. Me croyant peut-être absent, probablement sur la foi d'écoutes téléphoniques, le juge débarque un après-midi de juillet en compagnie de Primorac et de... l'avocat de ce dernier qu'il est passé prendre à son cabinet ! L'objectif de cette curieuse « perquisition accompagnée » me semble simple : permettre à Primorac de reconnaître les lieux et d'en donner ultérieurement une description détaillée, qui serait de nature à étayer une accusation de subornation. Mais je suis à mon bureau et la perquisition devient une confrontation. Primorac perd totalement pied : il ne se souvient plus de la date – le 18 juin, ou peut-être le 17, ou peut-être un autre jour – ni de l'heure, ni d'aucun détail de mon bureau, et surtout il ne se souvient pas – et pour cause – de notre conversation. Le juge va acter cette déposition. L'affaire se présente donc assez bien et, si on s'en tient à ma version (« je ne l'ai jamais reçu dans mon bureau »), nul besoin d'en rajouter.

Troisième erreur : nous en rajoutons. Avec mon avocat, nous épluchons mes fiches de rendez-vous pour « bétonner » mon emploi du temps des 17 et 18 juin 1993. Pour le 18, pas de problème, je suis intervenu à l'Assemblée nationale et on a pu m'y voir de 14 h 30 à 16 heures, fourchette largement ouverte par la mémoire défaillante de Primorac. A la date du 17 juin, un rendez-vous annulé retient notre attention : je devais ce jour-là rencontrer Jacques Mellick, ancien ministre et député du Pas-de-Calais, avec qui je suis en relations professionnelles puisqu'il est le maire de Béthune et que je suis le « patron » de Testut. Nos rapports sont amicaux, confiants et anciens. L'œil de mon avocat s'allume. Et moi, totalement dépourvu de lucidité sur cette idée : évidemment Mellick, ce serait bien. C'est fou comme on n'est lucide que lorsqu'il s'agit d'affaires concernant les autres.

Quelques jours plus tard, au Congrès de Versailles je rencontre Jacques Mellick et nous convenons d'un rendez-vous pour le soir, chez moi à l'apéritif. Je lui expose le problème. Il croit se rappeler que le 17, il est resté tout l'après-midi dans son bureau à l'Assemblée nationale, et donc : « Oui, pourquoi pas ? S'il faut te rendre ce service... » Je sens que son accord est plus dicté par l'amitié que par l'enthousiasme, ce qui me semble logique, et je me dis que son emploi du temps du 17 juin, tel qu'il me le décrit, semble plutôt vague... Nous nous quittons sans aucune vérification des agendas, sans aucun recoupement, sans aucune mise au point. Nous sommes bien loin de la construction d'un « alibi en béton » et, pour ma part, j'ai déjà renoncé à mobiliser Jacques Mellick. La preuve, au cours de la confrontation entre Primorac et moi, devant le juge Beffy, quelques jours plus tard, je ne lui parle de Mellick à aucun moment. C'est d'ailleurs pour cette raison que je ne serai pas poursuivi pour complicité de faux témoignage.

Mais le hasard, qui est malicieux, fait que mon avocat déjeune avec un journaliste spécialisé dans l'investigation à l'hebdomadaire *Le Point*. Selon le journaliste, cette affaire de rencontre avec Primorac me met au centre du dossier de corruption : il pronostique d'ailleurs que je suis au plus mal. Mon avocat, qui n'est pas orateur seulement dans le prétoire, ne résiste pas au plaisir de gagner cette petite joute : son client ne risque rien, absolument rien, car le 18 juin, il était à l'Assemblée, et le 17, il avait un long rendez-vous avec... un ancien ministre. Trois mots de trop. Piqué, le journaliste rentre à son journal et décide, non sans astuce, de téléphoner en bluffant aux anciens ministres que j'aurais pu rencontrer. En éliminant les « peu probables » et les « franchement impossibles », il dresse une liste ramassée d'une dizaine de noms et finit, assez vite, par joindre Jacques Mellick. Très étonné de cet appel alors que nous ne sommes convenus de rien de définitif, Mellick croit que je l'ai impliqué, et par amitié, seulement par amitié, il ne dément pas, il prend un ton entendu, et finalement, confirme : il était bien avec moi le 17 juin. C'est le piège parfait et il s'est parfaitement refermé, sur lui et sur moi. Évidemment, comme nous n'avons pas organisé cet alibi, il va répondre en dépit du bon sens aux questions relatives aux lieux et aux horaires.

Dès lors, Jacques Mellick ne veut plus se dédire de ce qu'il a confirmé. De mon côté, je mesure ce que lui coûte – et, rapidement, ce que va me coûter – son geste d'amitié, mais je ne peux plus infirmer sa version.

A plusieurs reprises, je précise que j'ai vu Mellick (je l'ai rencontré quelques jours plus tard) mais que je ne sais plus la date exacte et que si lui-même est certain du 17 juin, c'est que probablement je l'ai bien vu le 17 juin... La fièvre des enquêteurs est telle que mes collaborateurs sont placés en garde à vue, ceux de Jacques Mellick également, et que mille vérifications sont conduites avec des résultats chaque jour plus catastrophiques pour la version Mellick.

C'est le feuilleton de l'été. Jacques Mellick a été vu à Béthune, le 17 juin, par des centaines de personnes et même par un clown au chômage, la montre d'une de ses employées a été photographiée, aucune trace de son passage n'a été relevée sur l'autoroute. Les journalistes s'amusent chaque jour un peu plus de l'invraisemblance de mon « alibi ». Jacques Mellick est allé de Paris à Béthune à 300 km/h sans prendre l'autoroute, ou sans la payer, et sans mettre d'essence, etc.

S'entêter dans cette version est surréaliste, mais soucieux de m'aider jusqu'au bout et pour ne pas se démentir, Mellick maintiendra ses déclarations jusqu'au procès.

Double coup de théâtre

Chacun devine que l'affrontement va être rude lors du procès de l'affaire OM/VA. L'entrevue avec Primorac pèse sur le dossier comme une ombre mais elle n'est pas déterminante : elle ne prouve rien quant à la réalité d'une corruption, et, à supposer que celle-ci soit prouvée – ce qui n'est pas le cas – elle ne prouverait pas mon implication.

Le procureur de Montgolfier est plus que le chef d'orchestre de l'accusation. Il mène une croisade morale contre l'argent, la corruption, les mœurs du football professionnel ; il le dira dans son réquisitoire. En outre, il tient, avec une gourmandise matoise, le rôle de sa vie : à force d'indiscrétions, d'approximations et même de franches rugosités, il a resserré son filet autour du seul poisson qui l'intéresse, Bernard Tapie.

Mais derrière les imprécations du procureur, tout un petit monde se réjouit : toute l'assemblée gris anthracite qui gère le football français et qui déteste l'OM dont les succès irritent copieusement certains dirigeants de la Fédération et de la Ligue ; tous les protagonistes du système très juteux de partage des recettes publicitaires et des droits de retransmission exclusive télévisée ; tous ceux qui, sans investir un sou personnel, parviennent à vivre du football avec des mines de curés missionnaires. Le monde du football ne m'aime pas, parce que je ne lui ressemble pas ; il n'aime pas l'OM, parce que l'OM est trop fort et que, depuis les Verts de Saint-Étienne, dont le président fut lui aussi envoyé en prison, le plus fort est toujours accusé des pires maux, même si sa notoriété et sa popularité font vivre tous les autres... Tel est le petit monde du football qui se presse derrière l'ombre moralisatrice du procureur de Montgolfier. Mais ces sinistres personnages qui s'estiment propriétaires du football ne savent pas eux-mêmes qu'ils ne sont que des comparses, instruments d'une vengeance qui les dépasse et dont la dimension politique apparaîtra bientôt. Tous mes adversaires ont un intérêt commun : il faut chasser l'intrus et, si possible, le chasser définitivement. Il faut me tuer. Il s'agit de football ? Va pour le football ! Le procureur veut de la morale ? Va pour la morale ! L'un et l'autre sont aussi étrangers à mes ennemis qu'à moi le bouddhisme mais l'occasion est trop belle. Mise à mort annoncée.

A propos des comparses, Bernès a changé d'avocat et choisi un de mes ennemis personnels, mini-star de la justice télévisée, et professionnel de l'apparence et de la justice-spectacle, qui a d'ailleurs organisé des contre-meetings et qui a distribué contre moi des tracts diffamatoires pendant mes campagnes électorales à Marseille, Me Gilbert Collard, vous vous souvenez, celui qui à la même époque mène une enquête personnelle très particulière sur la profanation de Carpentras... Ce choix annonce le premier coup de théâtre du procès : Bernès change de ligne de défense. Mis en cause par Jean-Jacques Eydelie comme étant le donneur d'ordres, il a jusque-là farouchement nié. Il a d'ailleurs écrit un livre, qui sortira cinq jours avant le procès, pour le dire. Pourtant, le premier jour du procès, il présente sa nouvelle version. Il a bien donné l'argent, il le regrette, c'était très mal, mais il l'a fait sur mes instructions car il n'osait rien me refuser et croyait agir pour le bien de l'OM.

En fait, il s'agit d'un pétard mouillé. Cette palinodie était parfaitement prévisible et les tribunaux ont l'habitude de juger sévèrement ceux qui croient s'exonérer d'une responsabilité établie en la transférant sur un autre. Je ne m'inquiète pas du retournement de Bernès et je ne parviens même pas à lui en vouloir. Convaincu de tricherie, il espère rencontrer l'indulgence du tribunal en me désignant comme le coupable. C'est humain. Pas très beau, pas très malin, mais humain. Je n'ai guère de peine à reprendre l'avantage en décortiquant, lors des audiences suivantes, les invraisemblances de ses déclarations successives.

La presse souligne un peu trop, au demeurant, le fait que les audiences se déroulent bien pour moi. On suggère même que c'est moi qui dirige le procès ; cela signifie, *a contrario*, que le président ne tiendrait pas assez fermement les débats. Je devine que ces commentaires, au demeurant injustes, vont attirer une réaction du tribunal et que je n'ai rien à y gagner.

Reste à évoquer l'affaire dans l'affaire, la tentative de subornation du témoin Primorac. Là, se prépare le deuxième coup de théâtre, le vrai. Le tribunal doit entendre Corinne Krajewski, l'attachée parlementaire de Mellick. Elle a toujours soutenu avoir accompagné son patron au siège de BTF ce fameux 17 juin ; sa déclaration est donc capitale. Énorme surprise, la jeune femme, effondrée, en larmes, avoue avoir fait un faux témoignage à la demande de Jacques Mellick. Elle est enceinte et manifestement bouleversée ; l'effet de ses propos sur le tribunal est encore plus terrible lorsqu'elle déclare que son patron, la nuit précédente, l'aurait menacée de licencier son époux, qui est employé municipal, si elle modifiait son témoignage.

La cause est entendue : après cette déposition, je fais confirmer par Corinne Krajewski que le rendez-vous avec Jacques Mellick a bien eu lieu « autour du 17 » (le 19 en réalité). J'ai toujours été prudent et je me suis bien gardé de soutenir coûte que coûte que ce rendez-vous avait eu lieu le 17. Je pense à ce moment-là que Jacques, conscient de la situation, va battre en retraite et dire qu'il a effectivement confondu le 17 et le 19. Mais Jacques Mellick ne mesure pas l'énorme tension et l'intense émotion qui règnent dans la salle lorsqu'il y entre pour être entendu à son tour. Il maintient sa version et, acculé dans ses contradictions, se lance dans un discours très étrange dont il ressort que – sans contester la légitimité du tribunal – il ne doit des comptes qu'au suffrage universel, qu'il se tient pour un révolutionnaire, et qu'il n'a d'autres préoccupations que sociales !... Bref, on ne fait pas mieux pour placer sa propre tête sur le billot. A cet instant, le procès est « plié », comme on dit d'un match de football où on est mené par 3 à 0. L'issue ne fait plus aucun doute. Le procureur me tient et s'en délecte sans trop de retenue mais, disons-le, avec intelligence et talent. Derrière lui, les gnomes peuvent se frotter les mains. J'ai à ce moment-là une bouffée de compassion pour Corinne Krajewski, et malgré tout de l'amitié pour Jacques Mellick. En acceptant de choisir cette stratégie imbécile et malhonnête, j'ai marqué un but contre mon camp. Le but de la défaite.

Un ballon qui ne tourne pas rond

Le 15 mai 1995, le verdict du tribunal correctionnel sera d'une sévérité extraordinaire. La cour d'appel de Douai, le 28 novembre 1995, pourra même donner l'impression d'être « généreuse » : huit mois de prison ferme. Elle y ajoutera, au titre des éléments qui ont emporté sa conviction, un nouvel argument : le mobile. Incroyable, mais vrai. Cela figure en toutes lettres dans l'arrêt d'appel : « l'OM devait absolument gagner contre VA pour pouvoir jouer la finale à Munich, contre le Milan AC, cinq jours plus tard ». Voilà comment un match de championnat de France entre le premier et l'avant-dernier devient, pour des juges qui ont étudié un dossier si important, une demi-finale de Coupe d'Europe...

Quoi qu'il en soit des motivations de la cour d'appel, tous les observateurs, même ceux qui ne m'aiment guère, ont souligné la disproportion entre les faits et la sanction. Mais ils ont voulu y voir un caractère exemplaire. Exemplaire, vraiment ? Si cette peine l'était, il faudrait en déduire qu'il n'y avait pas d'autres irrégularités que celles de l'OM dans le football et que, depuis ma condamnation, ce petit monde tourne rond.

C'est ce qu'a suggéré le bon M. Le Graët en laissant entendre que si j'avais acheté le match contre Valenciennes, je pouvais en avoir acheté d'autres. J'aurais introduit dans le sport des pratiques financières condamnables. Introduire, c'est faire entrer, faire adopter. Vraiment ?

Le propos m'étonne en tout cas lorsqu'il vient de M. Le Graët. Le président de la Ligue a deux qualités. La première, c'est la loyauté affichée : il ressemble à ce qu'il est. Jamais je n'ai vu l'apparence physique de quelqu'un suggérer aussi bien ses vertus morales. M. Le Graët dément le dicton populaire : « on peut se fier à son apparence ». Pour que chacun comprenne mieux, je vais prendre un exemple. Bien après que l'affaire OM/VA a éclaté, l'UEFA demande aux autorités françaises leurs intentions. C'est, en effet, en fonction des décisions de la Ligue et de la Fédération française que l'UEFA décidera de la participation de l'OM, à la fois à la prochaine

Champion's League, mais aussi, et surtout, aux deux compétitions les plus importantes du football mondial pour un club : la Coupe Intercontinentale, celle qui oppose le vainqueur de la Coupe d'Europe des clubs champions au vainqueur de la Coupe des pays d'Amérique latine, et la Super Coupe qui oppose le vainqueur de la Coupe d'Europe des clubs champions au vainqueur de la Coupe des Coupes.

Bien entendu, Le Graët et Fournet-Fayard, le président de la Fédération, nous ont garanti qu'il n'y aurait aucun problème pour que l'OM participe à ces deux épreuves puisque le match OM/VA n'a pas d'incidence possible sur ces épreuves internationales. Ils vont d'ailleurs tous deux prétendre se rendre au siège de l'UEFA pour confirmer cette position française au comité d'organisation de l'UEFA.

Surprise ! L'UEFA interdit la participation de l'OM à toutes les épreuves. Évidemment, cette décision scandaleuse et non motivée m'amène à saisir la justice civile suisse, le pays où siège l'UEFA. Le tribunal suisse condamne l'UEFA, et lui impose d'accepter que l'Olympique de Marseille dispute toutes les compétitions auxquelles il avait droit. Noël Le Graët, à ce moment-là, intervient avec Fournet-Fayard auprès de moi pour que je retire ma plainte. Ils vont tous les deux, devant témoins, me garantir que si j'accepte, ils obtiendront de l'UEFA la levée logique des sanctions. L'UEFA est dans tous ses états, sans doute consciente que si la justice civile commence à mettre son nez dans les affaires du football professionnel, de nombreux dirigeants risquent d'avoir de gros soucis et de voir l'énorme fromage qu'ils se partagent leur échapper. Et l'UEFA de proférer des menaces allant jusqu'à la perte de l'organisation de la Coupe du monde si je persiste à profiter du bénéfice de la décision du tribunal suisse. Noël Le Graët va, pour me convaincre, m'envoyer un courrier (voir page 86). Je précise que lorsqu'il m'envoie cette lettre, l'affaire des « comptes de l'OM » est connue depuis un an et demi et l'affaire OM/VA date de quatre mois.

Tel le corbeau de La Fontaine je laisse tomber ma plainte et, quelques jours après la réception de cette lettre, non seulement l'UEFA ne nous réintégrait pas dans les compétitions européennes, mais j'apprenais par son secrétaire général que c'est à la demande expresse de Le Graët et de Fournet-Fayard que l'UEFA avait pris cette position...

La deuxième vraie qualité de M. Le Graët, c'est qu'il est intelligent. Alors, peut-il m'expliquer, si j'achète des matchs et si je manipule des sommes formidables, comment j'ai pu être assez impécunieux pour perdre contre le Sparta de Prague, pour laisser filer une demi-finale de Coupe d'Europe contre Benfica et, surtout, pour abandonner une finale de Coupe d'Europe aux tirs au but contre l'Étoile rouge de Belgrade, club réputé pour « vendre » ses meilleurs joueurs ?

M. Le Graët sait bien, en réalité, qu'il y a plusieurs moyens de truquer un match et que les plus usités sont la conséquence des règles que les instances de football ont elles-mêmes posées. La pratique la plus courante se rapporte aux transferts, insuffisamment réglementés quant aux périodes pendant lesquelles les négociations sont menées et surtout quant aux

Fédération Française de Football
Ligue Nationale de Football

Le Président

NLG/FM

Paris, le 10 septembre 1993

Monsieur Bernard TAPIE
Président de
l'OLYMPIQUE DE MARSEILLE

Monsieur le Président,

En ma qualité de Président de la Ligue Nationale du Football et au nom de l'ensemble des dirigeants du Football Professionnel, à l'heure où la F.I.F.A. s'apprête à prendre des décisions très graves à l'encontre de la F.F.F. et, par voie de conséquence, de la L.N.F. et de tous les clubs français, je tiens à m'adresser à vous avec solennité pour vous demander de retirer l'action judiciaire que vous avez engagée à l'encontre de l'U.E.F.A. et qui va, inéluctablement, conduire à une situation dramatique qui n'épargnera personne.

Le Président du plus prestigieux des clubs français, qui nous a apporté le premier trophée européen de notre histoire et dont les joueurs, par leur talent exceptionnel, ont amené l'Equipe de France à participer à la Coupe du Monde 94 et ont grandement contribué à ce que notre pays se voit attribuer l'organisation de la Coupe du Monde 98, ne peut pas être celui qui sera l'auteur de sa perte.

Je fais appel à votre attachement à notre aport, à votre sens des responsabilités, à votre intelligence, à votre coeur, en un mot, à votre patriotisme, pour prendre la mesure des enjeux moraux, économique et sportifs auxquels nous sommes tous en France confrontés.

L'avenir du Football français dépend de vous et de votre décision.

Je veux espérer, Monsieur le Président, que la force de ma conviction saura entraîner votre action bénéfique pour tout l'ensemble du Football Français.

Je vous prie de croire à l'assurance de mes sentiments sportifs les meilleurs.

Noël LE GRAET.

personnages qui y sont, de près ou de loin, mêlés. Les joueurs, grâce à leurs agents, négocient leurs prochains engagements tout au long de la saison. Si vous apprenez le transfert probable d'un joueur de talent, regardez-le jouer : il ne joue plus en priorité pour son employeur du moment mais pour le suivant. J'ai ainsi perdu un championnat par la série de bourdes inhabituelles d'un joueur à un poste essentiel pendant les cinq derniers matchs qu'il restait à disputer. Lors de la saison suivante, ce joueur s'est retrouvé dans l'effectif du club qui avait gagné le championnat en coiffant l'OM sur le poteau...!

On oublie aussi que les joueurs se connaissent, qu'ils ont souvent joué ensemble, qu'ils se parlent beaucoup, qu'ils constituent, en somme, un réseau très fermé. Ils peuvent aussi négocier directement. Les primes et les surcotes sur le marché pour ceux qui gagnent le championnat permettent, elles aussi, de désintéresser les collègues qui n'ont plus rien à perdre en perdant... Lors d'une fin de saison où l'OM, une fois de plus, jouait le titre, le résultat de notre principal concurrent nous est parvenu avant notre match du jour : ils avaient perdu et nous étions champions. Le capitaine de l'équipe opposée, ce jour-là, à l'OM m'a dit d'un air navré : « Nous sommes passés à côté de la fortune. »

Et puis, il y a le jeu de l'« intox » médiatique auquel se prêtent tous les clubs. L'un des entraîneurs, connu pour être le plus vertueux de France, est devenu spécialiste pour mettre la pression sur les joueurs en annonçant des transferts bidons qui les rendent suspects aux yeux de leurs équipiers, ou sur les arbitres, régulièrement accusés de partialité avant même que le match ait commencé. Tous ses trucs ne sont pas innocents. Si vous devez rencontrer son club chez lui et que vous avez un ailier droit d'exception, vous pouvez être certain que les deux angles du terrain où devra évoluer votre ailier auront été copieusement arrosés pendant la nuit précédant le match.

Quant à acheter les arbitres comme on m'en a accusé si souvent, je veux dire que cette pratique n'a absolument pas cours, à ma connaissance du moins, dans le football français. Dans les matchs internationaux, il est d'usage que le club qui reçoit offre un repas aux arbitres. Il n'est pas mal vu de faire également des petits cadeaux. Personnellement, j'ai renoncé à cette pratique à la suite d'un incident significatif. L'OM devait jouer en Coupe d'Europe contre un club de l'Est largement à sa portée. J'organise, pour les arbitres roumains et en présence des dirigeants adverses, un dîner auquel Ilie Nastase me fait l'amitié de participer. Le lendemain, des responsables de l'OM font visiter Marseille aux arbitres. L'un d'eux s'extasie devant une montre Cartier Santos exposée dans une vitrine. S'extasie tellement que les accompagnateurs n'ont plus qu'une ressource, celle de lui offrir la montre sur le compte de l'OM. Je trouve le prix de cette courtoisie un peu élevé : vingt-cinq mille francs. Va quand même pour la montre ! Et le lendemain soir, alors que l'OM mène à la régulière 3 à 0, l'arbitre roumain siffle, en dix minutes, deux penalties imaginaires contre nous. Du jamais vu quand un grand club européen joue à domicile. Après cette mésaventure, j'avais personnellement donné l'ordre de ne plus faire le moindre cadeau autre que symbolique aux arbitres européens. Je ne sais pas comment agissent les autres clubs.

Lorsque je décris les mœurs du monde du football, je ne veux pas faire croire que je serais un ange de pureté. Je suis bien sûr capable d'utiliser des « ficelles » pour aider nos joueurs. Mais quand M. Le Graët fait du Le Graët, moi je fais du Tapie. Je veux raconter une des « intox » les plus amusantes qu'il m'ait été donné de monter. L'OM doit livrer un match déterminant à Monaco qui nous précède d'un point pour le titre de champion. Bernès m'alerte sur le mental et le physique de nos joueurs qui sont épuisés par une fin de saison éprouvante. Je file de Paris à Marseille pour les remotiver et, je l'avoue, pour les engueuler. Et puis j'envoie mon bateau dans le port de Monaco. Un bateau de cette taille, cela se remarque et les supporters monégasques ne manquent pas de s'étonner. Les marins du *Phocéa* ont un uniforme distinctif qui se reconnaît bien. Deux d'entre eux descendent alors en ville et commencent à chercher les principaux joueurs monégasques dans quelques bistrots de la ville où on n'a jamais vu un des joueurs en question. Les marins ne disent pas pourquoi ils les cherchent, mais leur démarche suffit. La rumeur court la ville : si on les cherche, c'est qu'ils ont rendez-vous et, s'ils ont rendez-vous, c'est sûrement qu'il y a anguille sous roche. Il n'en faut pas plus : en deux jours, la mésentente est à son comble au sein de l'équipe monégasque où tout le monde soupçonne tout le monde. Et l'OM remporte un match capital qu'il n'aurait de toute façon pas pu, soyons juste, gagner s'il n'avait eu une équipe d'exception.

Car la vérité est là, à propos de ces incessantes rumeurs de corruption, de trucage, que seule la jalousie a fait naître : l'Olympique de Marseille, entièrement composé d'internationaux français mais aussi brésiliens, allemands, anglais, yougoslaves ou autres, dont certains, titulaires dans leur équipe nationale, n'étaient que remplaçants à l'OM, était la plus grande équipe de club que la France ait jamais connue et n'avait aucun besoin d'acheter les matchs pour les gagner. C'est cette évidence que certains dirigeants médiocres aux ambitions médiocres n'ont jamais voulu admettre.

Je ne résiste pas, d'ailleurs, à l'envie de rappeler, pour les connaisseurs, quelques-uns des joueurs qui ont porté les couleurs du club le plus titré de France.

Gardiens de buts : Bell, Huard, Olmeta, Barthez...

Défenseurs : Di Meco, Domergue, Amoros, Foster, Angloma, Boli, Dessailly, Mozer, Casoni...

Milieu de terrain : Sauzée, Durand, De Wolf, Martin-Vasquez, Stevens, Pardo, Tigana, Germain, Fournier, Deschamps, Dutuel, Giresse, Sliskovitc, Barros, Ferreri, Futre, Vercruysse, Stojkovic, Dib...

Attaquants : Allof, Francescoli, Papin, Voeller, Pelé, Cantona, Boksic, Anderson, Waddle...

Que d'internationaux il manque encore dans cette liste, parmi eux, Ayache, Delamontagne, Leroux, Brisson, Thomas, Ferrer, Xuereb, Cascarino... Sans parler des jeunes joueurs formés à l'OM, qui n'étaient pas titulaires mais qui font aujourd'hui les beaux jours de l'Inter de Milan avec Cauet, ou de la Sampdoria avec Bogossian, du FC Metz avec

Meyrieu, ou du RC Lens avec Warmus. Je rappelle ici l'encadrement technique exceptionnel : Hidalgo, Banide, Beckenbauer, Goethals, Gili, Ivic, assisté par le staff médical très pointu dirigé par mon ami de longue date le Dr Duby, secondé par son collègue Joël Coste. Que dire des mains magiques de Jacques Bailly... Je rappelle aussi que chaque année, toute l'équipe bénéficiait d'une préparation élaborée par Henri Chenot, un Français formidable qui a installé son centre à Merano, en Italie. Il m'est impossible d'oublier celui sous le contrôle duquel l'état de forme et la bonne santé de mes champions ont pu être préservé : Christian Duraffourd, un être hors du commun, président de la Société française de phytothérapie, capable de véritables miracles.

Pardon à tous les oubliés...

Certains ont tout de même reconnu que j'avais bâti cette équipe avec du flair, avec l'aide précieuse de mon vice-président Jean-Louis Levreau, puisque plus de la moitié de ses internationaux le sont devenus après avoir joué à l'OM. Je l'avais aussi appuyée à une région, à une ville, à un public pour qui le bonheur et l'enthousiasme avaient un sens. Et j'y avais mis de l'argent, beaucoup d'argent, c'est vrai. Mais mon argent. Et alors ? Les dirigeants du foot français n'ont-ils aucun rapport avec l'argent ? On se fera une idée de cette « virginité » par une autre anecdote. En achetant Adidas, j'avais incidemment acquis le premier sponsor du football français. Les contrats de publicité étant négociés, jusque-là, par un intermédiaire très bien rémunéré, je prends contact avec les présidents de clubs pour leur proposer une négociation directe avec Adidas : à quoi bon payer un courtier puisque la firme et nos clubs peuvent s'entendre sans intermédiaire et se partager les sommes ainsi économisées ? La réponse de la majorité de mes collègues n'a pas manqué de me surprendre : « A quoi bon ?... On a nos habitudes... On a toujours fait comme ça. » J'imagine ce que ces habitudes devaient cacher... La vérité, puisqu'il s'agit d'argent, c'est que, grâce à la connivence de la Fédération, de la Ligue, des clubs, de l'Union des joueurs professionnels, des chaînes de télévision, une seule société a la main sur le double pactole des recettes de publicité et des droits de retransmission, et que cette entreprise, relayée par les quelques personnes influentes qui font et défont le football français, le contrôle absolument grâce à son pouvoir financier. C'est la réalité de ce monde-là, et je ne me priverai pas du plaisir de la raconter en détail dans un prochain livre.

Pour ma part, j'ai reconnu des erreurs et même des fautes. Mais je n'ai pas truqué les matchs et, en particulier, je n'ai pas cherché à acheter les joueurs de Valenciennes. Je n'ai d'ailleurs pas été puni de ce chef. Les débats de première instance et d'appel ont démontré que je n'avais pas participé à la corruption si tant est qu'elle ait eu lieu. Mais on ne visait que moi. Le match, l'argent, le football n'étaient que des prétextes. Ceux qui truquent vraiment le sport sont libres et prospères. Ils sont même respectés.

Esquisse de bilan

Voilà donc, telle que je l'ai vécue et telle que je la connais, l'affaire qui me vaut d'être aujourd'hui en prison. J'ai dit l'énorme disproportion entre ce fait divers et les comptes rendus, je me l'explique un peu mieux aujourd'hui. Tous les ingrédients du spectacle à grand succès avaient été réunis par le hasard, qui n'est pas toujours innocent et pas toujours totalement hasardeux : le sport le plus populaire et le club le plus beau, le cirque et l'argent, la théâtralité de la justice et l'impudeur des médias, la morale et la corruption, le Bien et le Mal, le suspense malgré la fin programmée, l'accusé vedette et, surtout, plus fort qu'au théâtre ou au cinéma, sa mise à mort effective.

De cette énorme baudruche médiatico-judiciaire, que reste-t-il aujourd'hui ? Les vedettes ? Christophe Robert, J. Burruchaga, Jean-Jacques Eydelie, « les moutons noirs », et Jacques Glassmann, « l'ange blanc », ont retrouvé dans des clubs des engagements à la mesure de leurs talents respectifs, et c'est bien. Tous les autres acteurs d'une corruption dans leur cas avérée ont été renvoyés dans leurs foyers ; c'était moi, et seulement moi, qu'il s'agissait d'atteindre.

Quant aux vrais protagonistes cachés derrière le rideau des marionnettes, ils vont bien, merci. Le président de la Fédération, entraîné par la tourmente, a été payé par quelque mission d'expert. La Ligue du football professionnel jouit d'un président inoxydable et vertueux, devenu depuis maire de sa commune, en attendant mieux. La société Mondar est plus que jamais prospère, elle demeure l'exclusif argentier du football français. Le pseudo-acheteur d'Adidas est devenu le propriétaire de l'OM et il est devenu milliardaire grâce à moi, sans mettre un centime grâce au Crédit Lyonnais. Le véritable acheteur d'Adidas est présidé par un Marseillais, M. Peyrelevade, et la société qu'il dirige, le Crédit Lyonnais, risque de coûter aux contribuables français cent cinquante milliards de francs. M. Gaudin est finalement devenu maire de Marseille, Mme Mégret, maire de Vitrolles, et la gauche officielle locale est dotée de chefs aussi vertueux que ceux de la Ligue de football. On peut dire que tout est rentré dans l'ordre.

L'ordre est souvent le contraire du rêve. Le rêve, lui, est brisé. Le plus grand club d'Europe a été frappé, puni, flétri, ruiné. Ah! les airs benoits de M. Fournet-Fayard ou de M. Le Graët! A les entendre, ils voulaient la vérité, un assainissement, une moralisation, mais surtout pas la mort de l'OM. Avec leurs amis des instances internationales, ils se sont pourtant bien débrouillés pour que l'OM soit sanctionné pendant trois années consécutives: privé de Coupe Intercontinentale, de Super Coupe et de Coupe d'Europe en 1993 pour corruption présumée, privé de première division en 1994 pour corruption toujours présumée, privé de remontée en 1995 pour faillite organisée par ses « défenseurs ». Beau résultat.

Malgré tout, le public marseillais, les supporters de toute la Provence, les jeunes des quartiers Nord continuent à aller au Stade Vélodrome et à porter une équipe affaiblie mais courageuse, à chanter un club, l'Olympique de Marseille, qui a plus d'histoire, d'âme et de cœur que tous les autres.

Pour moi, j'ai payé et paie encore pour apprendre. Et j'ai appris. J'ai confessé mes erreurs dans la gestion de cette affaire ; elles m'ont été facturées au prix fort. J'ai le sentiment, pourtant, d'avoir commis deux erreurs plus graves. Personne ne me les a reprochées.

La première est celle de l'enthousiasme sans précautions. On dit que je sais faire partager des objectifs, une ambition. L'ambition est la mienne, les objectifs sont les miens, mais ceux qui sont chargés de leur donner vie n'y parviennent pas toujours. J'ai toujours prôné la victoire à tout prix, mais j'ai aussi toujours condamné la victoire à n'importe quel prix. La nuance était pour certains trop subtile et ils ont été incapables de la discerner. Je demande pardon pour cela.

La deuxième erreur est celle de l'affichage du succès. Dans tous les domaines, entreprise, sport, politique, j'ai cru que le succès montré, affiché (on a dit « étalé »), pouvait être le moteur de l'ambition pour tous ceux qui voulaient le partager ou, à leur niveau, le reproduire. C'était sans doute partiellement vrai. Mais j'avais méconnu le plus important : l'affichage du succès est un moteur autrement plus puissant pour la jalousie, l'amertume, l'aigreur et la haine. A celui que le hasard, la chance ou un peu de talent ont transformé en figure emblématique, il n'est rien pardonné. Je veillerai à me le rappeler.

III
RICHE ET RUINÉ

Le temps s'allonge comme si la longue nuit de la prison ne devait plus avoir de fin. Je ne compte pas les jours. Que faudrait-il compter ? Depuis mon incarcération, je ne distingue plus les heures qui passent. C'est une souffrance égale, interminable, sans repères. Il ne s'agit pas d'une autre vie, c'est une parenthèse dans la vie. J'ai été arraché à la société, à mes activités, à ma famille ; et j'ai été aussi arraché à moi-même. Je ne sais plus quand cette parenthèse s'est ouverte et je ne sais pas quand elle se refermera. Alors, à quoi bon compter les jours qui me séparent de la fin ? D'ailleurs, je ne suis pas sûr que cette fin vienne, que la parenthèse se referme, car il doit être bien difficile d'oublier, de sortir de ce monde clos, de se secouer de la prison dont les bruits, les odeurs, la lumière grise si particulière, les rites déshumanisés vous imprègnent peu à peu. Je préfère ne pas compter, ce serait une façon d'accepter mon sort.

La mort qui rôde

Surtout ne pas s'habituer. A celui qui veut en profiter, la prison offre de petits « conforts », de minuscules aménagements, de petites libertés prises avec les horaires, avec les régimes alimentaires, avec la discipline. Consentir à ces petites entorses au règlement, c'est une autre manière d'accepter le règlement et de vous résigner à la prison.

Pour pouvoir en sortir le moment venu, il faut refuser la prison du plus profond de soi-même, ne rien en accepter, même pas les facilités. J'ai vu autrefois des reportages télévisés montrant des prisonniers qui s'étaient aménagé une « nouvelle vie » à l'intérieur de leur cellule et qui avouaient ne plus être capables de vivre autrement s'ils venaient à être libérés. Ils croyaient avoir apprivoisé le système carcéral ; en fait, la prison les avait totalement domptés. Ne pas s'habituer. Résister.

Ici, la prison bruit d'une rumeur scandalisée : un détenu s'est suicidé. En lui-même, le fait n'est malheureusement pas rare, mais les circonstances de cette mort sont particulièrement horribles. Il s'agissait d'un homme d'une cinquantaine d'années. Était-il au comble du désespoir ou, plus simplement, n'avait-il plus envie de vivre ? Il a profité de l'absence de son copain de cellule pour s'ouvrir une artère située près de l'aisselle. Il s'est vidé de son sang et on ne l'a trouvé que lorsque l'irréparable était consommé. On a dû procéder aux formalités réglementaires qui sont longues, scandaleusement longues. Son corps est demeuré dans son sang pendant toute la durée des « précautions » administratives. A son retour, son copain de cellule a dû laver à la main les litres de sang coagulé perdus par l'ami dont il avait, en quelque sorte, partagé la vie. Il lui a fallu laver la mort aussi.

Le codétenu m'a fait passer un mot. Il me prête sans doute une influence que je n'ai pas. Selon lui, il ne s'agit pas d'un suicide : son compagnon se disait en danger parce qu'il aurait eu des révélations à faire sur un homme politique local qu'il accusait de malversations. Toujours selon la rumeur, le suicidé aurait fait parvenir une lettre sur ce sujet à l'administration pénitentiaire. Mais l'administration ne confirme pas cette « information ». Je ne sais s'il faut attribuer l'étrange climat révélé par ce drame à la paranoïa ambiante, à la mythomanie de nombre de détenus, ou encore aux vrais mystères de ce lieu qui enferme de grands criminels, des dangereux et de drôles de malades.

La mort est toujours présente ici. Comme dans un hôpital, à cette différence près qu'à l'hôpital c'est une cause objective, accident ou maladie, qui peut la faire surgir. Ici, la mort peut survenir à chaque instant mais toujours de façon imprévisible, irrationnelle, violente et mystérieuse. Tous les détenus le sentent : même s'ils sont là pour peu de temps et pour une affaire bénigne, la prison peut être l'antichambre de leur mort. Ils ne sont plus très sûrs de vivre. Ils baignent dans une irréalité dangereuse.

Le seul rythme réel qui me permette de mesurer le temps est celui des visites. Celles de ma famille, trop rares. Celles de ma femme qui est autorisée à venir me voir deux fois par semaine ; on appelle cela des « parloirs » ; ils sont bien trop courts et le réconfort de la présence de Dominique est souvent gâché par la présence intempestive des surveillants et toujours voilé par la tristesse de voir arriver si vite l'heure de son départ. D'autres visites encore. Celles de quelques amis politiques restés fidèles, peu nombreux. Celles de mes avocats qui veillent à faire aménager ma peine autant qu'il sera possible et qui soutiennent ma combativité en m'expliquant leurs diligences dans les autres procédures judiciaires que je vais devoir affronter.

Images emprisonnées

En dehors des mots, des encouragements, de l'affection que m'apportent mes visiteurs, comme un peu d'air pur, et du courrier que continuent à m'adresser des amis anonymes, rien de ce qui vient de l'extérieur ne m'intéresse vraiment.

Pour n'être pas totalement reclus, je continue à regarder chaque jour sur mon petit poste de télévision les informations du monde. Je n'ai pas envie de voir les autres émissions. Et même les nouvelles des journaux télévisés me paraissent souvent dérisoires dans leur succession d'images spectaculaires, une succession organisée comme un spot publicitaire, qui met sur le même pied un fait divers crapuleux et la guerre du Zaïre, le grand chelem de l'équipe de France de rugby et la guerre civile en Albanie. Et, par-dessus ce fatras d'informations indifférenciées, la télévision continue à marquer

– c'est un signe des temps – sa préférence pour les scandales judiciaires, pour les corruptions avérées ou présumées, pour les affaires bien putrides.

Le défilé des informations télévisées commence toujours par une succession d'affaires. Quand on dit « les affaires », désormais, il faut entendre les scandales, les catastrophes provoquées, les meurtres horribles, les détournements de fonds, etc. Il n'y a d'affaires que putrides. Je sais comment tout cela fonctionne pour avoir vu les rédactions à l'œuvre : à l'heure de la préparation d'un journal, c'est une très mauvaise nouvelle quand il n'y a pas de mauvaise nouvelle... Alors, la télévision organise le défilé des meurtriers, des casseurs, des braqueurs, des corrompus, des corrupteurs. Je ne sais si tous ceux qu'on a montrés ces jours-ci sont coupables. S'ils le sont, la justice devra les punir. Et les punir sévèrement. Mais je note que les micros se tendent vers des citoyens qui exigent la vengeance, qui réclament des sanctions, qui attendent le talion. Je note aussi qu'on n'est plus présumé innocent comme le veut la loi. Pour la *vox populi*, qui semble plus forte que la loi, on est coupable présumé, voleur préjugé, assassin presque condamné. Qui donc énonce ces prescriptions ? Qui assène ces préjugés à un pays entier ?

Je ne peux m'empêcher, en regardant l'interminable chronique de la justice télévisée, de repenser à l'éditorialiste d'un magazine dit de gauche qui écrivait à mon propos : « Quatre ou cinq présomptions d'innocence, c'est quand même beaucoup pour un innocent... » Pauvre type, incapable de voir qu'une telle phrase ruine tous les beaux principes dont, par ailleurs, il se réclame.

A propos d'images, il en est une que la meute des journalistes n'a pas encore réussi à montrer : Tapie en prison. Ce n'est pas faute d'avoir essayé. Devant la Santé ou devant la prison d'Aix, ils sont nombreux à faire le pied de grue. Pied de vautour serait plus juste, puisque c'est ma mort qu'ils guettent. On me dit que certains journaux ont même publié des faux : une vague silhouette très floue est censée représenter mon ombre prise au téléobjectif, un fourgon cellulaire banal est photographié comme si j'étais à l'intérieur, un individu entr'aperçu dans une porte qui se referme joue mon rôle de prisonnier. Tout cela ne trompe personne. Un hebdomadaire a d'ailleurs écrit que j'avais réalisé là une belle performance de communication et que j'aurais inventé l'« incarcération virtuelle ». Comprenez virtuelle faute d'images, puisque dans notre monde ce qui n'est pas représenté n'existe pas vraiment.

Je ne parviens pas à comprendre pourquoi ceux qui m'ont tellement adulé, flatté, courtisé, ont aujourd'hui tellement envie d'être bien certains de ma disparition. Un peu comme s'ils craignaient que ma vie ne vienne révéler une fascination trouble : à me guetter sans cesse, ils partagent mon sort plus qu'ils ne le croient ; ils s'emprisonnent aussi.

Ruiné parce que je me suis enrichi...

Curieusement, ces chasseurs d'images sont les mêmes – ou travaillent pour les mêmes journaux – que ceux qui voulaient à tout prix, même au prix du mensonge déjà, montrer à leurs lecteurs, à leurs spectateurs, ce qu'ils appelaient ma réussite, mes succès, ma richesse. De l'aisance matérielle et de la richesse, je n'ai, pour ma part, jamais été dupe. Eux l'étaient et s'acharnaient à construire un mythe : Tapie le golden boy, le yachtman, l'homme d'affaires heureux, l'éternel gagnant. A les entendre ou à les lire, quand ils énuméraient les recettes de mes victoires, on aurait pu croire que j'avais le pouvoir de transformer le plomb en or. Dans les années de croissance et de prospérité, avant les grandes inquiétudes du chômage et du sida, de la guerre revenue en Europe, on m'avait assigné un rôle : je devais incarner le bonheur.

Aujourd'hui, les temps ont changé, à ce qu'il semble. Et, par une symétrie absolue, les images de ma prétendue déchéance, de ma ruine espérée, de ma mort programmée, doivent rendre compte des inquiétudes de l'époque. Rien n'est sûr, l'avenir est incertain, la croissance est oubliée, la politique est sinistre. Le paradoxe de la situation pour ceux qui ont transformé le monde en images du monde et la vie en spectacle, c'est qu'il leur faut absolument filmer ma disparition pour qu'elle soit crédible. Autant dire qu'il leur faut des images du vide, performance irréalisable. Du coup, ils brodent. Au tableau scintillant qu'ils peignaient de moi, il y a moins de dix ans, ils opposent une peinture grise et triste, tout aussi fausse que la première. Ils m'avaient fait capitaine d'industrie ; me voici dépeceur d'entreprises. Ils avaient vanté mes efforts pour la formation des hommes ; ils me présentent en croque-mort étranglant des affaires saines pour jeter à la rue des milliers de chômeurs.

Ils avaient glorifié au-delà du raisonnable mes succès sportifs ; désormais, je suis un truqueur, un tricheur, celui qui a introduit l'argent et la corruption dans le football qui était, avant moi, d'une transparence angélique. Ils m'avaient présenté comme l'arme absolue contre Le Pen et l'extrême droite, comme le puncher au sang nouveau dont la politique avait le plus urgent besoin ; je ne suis plus qu'un aventurier ayant vécu des complaisances coupables de Pierre Bérégovoy et de François Mitterrand, dont la disparition leur permet aujourd'hui (à certains) de les condamner sans risques, même et surtout quand ils leur doivent tout.

Et puis l'argent. L'argent toujours. L'argent dont vous savez bien qu'il n'intéresse aucun journaliste ni aucun homme politique, tous vertueux et intègres. On se complaisait hier à évaluer ma richesse, à la surévaluer, à me présenter comme un de ces milliardaires dont les aventures les plus banales garantissent les plus gros tirages. Maison, meubles, voitures, bateau, tout devait être montré pour prouver que j'étais fabuleusement riche. C'était déjà faux. Mais, aujourd'hui, il faut démontrer que ma faillite est aussi vertigineuse que mon ascension pour en tirer des leçons de morale sur le thème « bien mal acquis... ». C'est tout aussi faux. Je ne sais pas, d'ailleurs, si une personne de bonne foi peut croire au nouveau portrait qu'on fait de mes affaires. Car enfin, à en croire la presse, j'étais milliardaire. La même presse révèle aujourd'hui qu'après être devenu riche j'ai pillé mes entreprises, exploité mes salariés, spolié mes associés, fraudé le fisc, volé mon propre club, escroqué ma banque, et que, grâce à toutes ces excellentes actions, je suis totalement ruiné... Logique.

Je reparlerai des comptes de mon club et de ceux de mon banquier, j'évoquerai les prétendues fraudes fiscales, mais je veux revenir auparavant sur ce qui a été mon véritable métier, la reprise d'entreprises, et je demande à être jugé seulement sur ce que j'ai fait et non sur ce qui m'a été attribué.

Un système et une méthode

La fin des années 70 fut l'époque des mutations de notre économie. Chocs pétroliers. Inflation galopante. Transformation radicale de la production par l'automation et par l'informatisation. Concentration de la vente dans les grandes surfaces. Ouverture du marché français aux entreprises étrangères et, réciproquement, accès de nos entreprises à des marchés étrangers. Délocalisation des productions en fonction du coût du travail. Beaucoup d'entreprises françaises n'étaient pas préparées à la brutalité de ces changements. Et un grand nombre ne les a pas supportés. C'est qu'elles n'étaient plus gérées, depuis longtemps, comme des entreprises vivantes, porteuses d'un projet, en mouvement constant, mais comme des éléments de patrimoine, statiques, jamais renouvelés. On a vu les résultats de cette gestion d'un autre siècle dans le secteur crucial de la sidérurgie et de ses activités dérivées.

Tel était le terrain qui s'offrait à moi vers 1978, à une époque où j'avais déjà appris, par quelques expériences, le meilleur et le pire du monde des affaires. Le meilleur ? Dans nombre de domaines, il existait un savoir-faire français, une tradition ouvrière du travail bien fait et des créneaux, innombrables, de marchés inoccupés. Le pire ? Le « gratin » des affaires se cooptait dans la grande bourgeoisie héréditaire et dans la haute administration qui est la nouvelle classe dominante : ces gens-là n'aiment guère qu'on marche sur leurs plates-bandes. Le monde salarié était peu encouragé à la modernisation et aux inévitables évolutions par son encadrement syndical. Des règles juridiques et des habitudes judiciaires faisaient préférer la mort d'une entreprise et la disparition de tous ses emplois à une reprise accompagnée de licenciements. Mais le pire est que, dans ce pays, on n'aime pas trop quand ça marche. La réussite est forcément suspecte.

Tant pis, j'étais prévenu et j'avais l'enthousiasme, la volonté, la rage de faire partager le succès ; des traits de caractère qui ne m'ont jamais quitté.

Il est vrai que la période était propice à la reprise d'entreprises en difficulté. Pour les raisons que j'ai dites, nombre de firmes françaises, même prestigieuses, étaient en très grande difficulté. Et nombre de patrons aujourd'hui à la mode et encensés par le pouvoir politique et par la presse économique n'ont pas appliqué d'autre méthode que la mienne, même s'ils ont été largement plus subventionnés, sponsorisés ou soutenus que moi.

La méthode était simple. Il s'agissait d'aller à contre-courant. A une époque où le Premier ministre – par ailleurs professeur d'économie – déclarait tranquillement que, dans un système libéral, la mort d'une entreprise était « banale », mon choix était de faire vivre les entreprises en difficulté. Pour trois raisons : elles détenaient un savoir-faire technique dans un domaine précis ; elles avaient une connaissance inégalable de leur marché même quand elles ne l'occupaient pas ; elles étaient riches d'une notoriété souvent ancienne, riches de leur nom, comme il arrive aux grandes familles désargentées. Le tout formait un capital souvent inutilisé mais bien réel. Mon défi était de le revaloriser.

Quand une entreprise dépose son bilan, deux procédures s'offrent pour la suite. Soit la liquidation qui permet, dans des conditions souvent incroyables d'injustice et de corruption, de dépecer ses actifs et de désintéresser les créanciers qui se sont bien placés. Soit le concordat qui associe indirectement tous les créanciers à la relance de l'activité. J'avais choisi la deuxième technique qui me paraissait meilleure pour l'emploi, pour la production, et – je l'avoue bien volontiers – pour mes éventuels profits. Ce qu'aurait dû dire le professeur en économie, c'est qu'il ne devrait pas exister de profits sans risques dans une économie libérale. Je prenais donc mes risques. Je n'y avais pas de mérite particulier, mais je veux souligner qu'à l'époque on rencontrait, au chevet des entreprises gravement malades, plus de croque-morts que de chirurgiens et que certains ont bâti de belles fortunes dans les pompes funèbres économiques.

Un partenaire pour le meilleur et pour le pire

Voilà donc un choix, celui de la vie, et une méthode, celle du concordat. Mais il fallait aussi de l'argent et je n'en avais guère, quoi qu'on ait dit sur mes entreprises antérieures. C'est de là, en 1978, que date une association dont je n'ai, pendant longtemps, pas eu à me plaindre et que, jusqu'à aujourd'hui, je ne regrette pas. J'ai choisi alors de travailler avec le Crédit Lyonnais ou plutôt, à titre principal, avec une de ses filiales, la SDBO. La Société de Banque occidentale était alors dirigée par Pierre Despessailles, un vrai banquier qui savait prendre des risques mesurés et accompagner ses clients dans leurs projets, tout au bénéfice de sa banque ; président de chambre au tribunal de commerce de Paris, Pierre Despessailles connaissait en outre très bien la pathologie de l'entreprise et les problèmes généraux des boîtes en difficulté : il n'avait donc pas de peine à comprendre que j'avais choisi un bon terrain et à évaluer l'intérêt commun.

Bon pour moi, bon pour sa banque aussi. Même si on a fait ces derniers temps une présentation totalement et volontairement caricaturale de mes rapports avec le Lyonnais, il faut bien dire que la banque y trouvait son compte. D'abord en me prêtant de l'argent aux taux exceptionnellement élevés qui se pratiquaient alors ; tout le monde semble avoir oublié qu'il n'était pas rare d'emprunter à 15 pour cent et plus. Ensuite, en se garantissant sur les actifs des entreprises que je reprenais, actifs qui étaient quelquefois considérables. Enfin, en prenant également des garanties sur les actifs futurs ; c'est là, et là seulement, que la banque prenait quelques risques en se fiant à mon savoir-faire.

Elle ne devait pas avoir à s'en plaindre : le Crédit Lyonnais avait déjà gagné, entre les commissions, les plus-values et les profits nets sur emprunts, plus de neuf cents millions de francs, grâce à moi, en 1992, sans compter Adidas. Je crois que le Crédit Lyonnais a eu de plus mauvais clients.

Le cas Wonder

J'ai déjà raconté ailleurs comment je m'employais à assainir les entreprises rachetées. Je ne reprendrai que l'exemple de Wonder, tellement il illustre ce qui m'est aujourd'hui reproché et qui était, à l'époque, salué comme une performance. En 1984, l'occasion m'est donnée de reprendre cette entreprise de piles qui doit sa notoriété à un vieux slogan génial du temps de la « réclame » : « Wonder ne s'use que si l'on s'en sert. » Malheureusement, plus personne ne s'en servait, car Wonder avait pris deux options catastrophiques. L'une industrielle : à l'heure des piles alcalines, elle avait choisi de continuer à fabriquer des piles salines, technique totalement dépassée. L'autre commerciale : à l'heure de la grande distribution et des supermarchés, elle continuait à vendre des piles chez les droguistes de quartier, réseau sympathique mais peu performant.

Les deux mille salariés de Wonder pouvaient se faire du souci : leur marché disparaissait. Moi aussi, d'ailleurs : au rythme des pertes cumulées, Wonder me coûtait déjà cent millions de francs sans perspective de redressement.

Il fallait inverser les choix commerciaux; ça, je savais le faire. Il fallait aussi fabriquer des piles d'un type nouveau, et donc s'allier avec ceux qui savaient les produire. Dans le paysage industriel de ce secteur, un seul partenaire français possible : Mazda. Dépassée par la logique de concentration, Mazda était sur le point d'être vendue au groupe Philips. Évaluation des vendeurs : deux cents millions de francs. En tirant sur mes fonds propres, je pouvais débloquer quarante millions. En mobilisant des actifs disponibles, je pouvais rassembler quatre-vingts millions supplémentaires. Manquaient encore quatre-vingts millions.

C'est à cette époque que se situe ma rencontre avec Francis Bouygues. Je ne le connaissais pas, mais sa réputation de chef d'entreprise me l'indiquait comme un homme capable de mettre quatre-vingts millions dans une affaire comme celle-là.

On a tant dit, tant écrit sur Francis Bouygues. On l'a surtout caricaturé en le décrivant comme un patron à l'ancienne. Il est vrai qu'il avait une conception quasi militaire de l'entreprise et que sa vision personnelle du pacte social évoquait plus une sorte de secte que l'esprit des lois Auroux. Mais le personnage était beaucoup plus riche et complexe que ses portraits hâtifs. Il avait du respect et même de l'admiration pour le travail ouvrier. Il entretenait des relations identiques avec ses manœuvres, qu'il appelait des « compagnons », et avec le P-DG de sa plus grosse filiale. Il avait du cœur, et des coups de cœur, mais aussi de la tête et des coups de tête. Lorsqu'il s'est agi, par exemple, de préparer les organigrammes de TF1, Francis Bouygues a soudain exigé le licenciement de « ce type qui a brûlé un billet de cinq cents francs en direct à la télé ». Consternation de toute notre équipe qui lui fait remarquer :

« Mais Francis, il s'agit de Gainsbourg. » Et Francis Bouygues, impérial : « Je m'en fous, je veux qu'on le vire quand même !... »

Je garde de ce personnage entier, quelquefois brutal, passionné par le travail, le souvenir d'un homme vrai dans toute son épaisseur et dans sa force vitale. Il vivait encore dix ans après le diagnostic sombre de certains médecins. Me voyant fumer plus que de raison lors d'un dîner chez lui, il va me chercher les radios de ses propres poumons, me les montre et me donne l'adresse de son médecin en m'intimant l'ordre de m'y rendre. Le lendemain, le médecin, pas sympathique du tout, me dit sobrement d'une voix monocorde : « Je pense que la prochaine fois que je vous reverrai, je serai probablement contraint de vous opérer. » « M'opérer, mais pour quoi faire ? » La mimique et l'explication qu'il me fournit sur la radio ne laissaient aucun doute sur l'évolution de mon mal. Je suis passé ce jour-là de soixante cigarettes par jour à... plus une seule. Merci Francis. J'ai évidemment appris beaucoup d'autres choses à son contact, et notamment qu'on pouvait réussir dans un métier inconnu – pour lui, le cinéma ou la télévision – à la condition d'y mettre du travail, du sérieux et de la passion, et de savoir s'entourer des meilleurs.

Pour Wonder, c'est Renaudin, un des patrons de Worms, qui a monté le déjeuner chez Martin Bouygues à Neuilly, avec le grand chef en personne et Patrick Le Lay, alors responsable de la diversification du groupe Bouygues. J'expose l'affaire à Francis Bouygues qui se montre intéressé, à condition de détenir 51 pour cent de l'entreprise, et donc d'en être le patron.

Je réponds que je prends tous les risques en apportant Wonder qui m'appartient et tout l'argent dont je dispose ; je ne peux pas envisager d'avoir moins de 51 pour cent en cas d'accord avec lui. « Tant pis, me répond-il, n'en parlons plus. » Et le repas se poursuit. Visiblement intrigué par ma réputation et amusé par mon style, Francis Bouygues me regarde à la fin du déjeuner avec, sous ses gros sourcils noirs, un air interrogateur : « Et 50 / 50 ? Ça vous irait ? » « 50 / 50 ? » Je m'interroge. « Chiche ! OK pour 50 / 50. » Et Francis Bouygues ajoute en souriant : « Depuis le temps qu'on me raconte que tu es un voyou, ça vaut le coup de mettre quatre-vingts millions pour savoir si c'est vrai. » Entre deux phrases, accord fait, il a décidé de me tutoyer.

Le nouveau groupe Wonder-Mazda avait désormais un poids considérable sur le marché de la pile. Il avait, de surcroît, de bonnes techniques de production et de bons réseaux de vente, il était donc crédible. Il avait surtout une richesse qu'il ne soupçonnait pas : dans les cartons d'un chercheur de Mazda dormait le projet de la première pile alcaline sans mercure, projet que la firme n'avait pas souhaité développer. Les préoccupations touchant à l'environnement étaient alors en pleine émergence. Légitimement, les gens se préoccupaient de l'avenir de la planète et de ses ressources naturelles. Toujours un peu à la traîne, les décideurs économiques et politiques commençaient à adopter la mode de l'écologie. Ce projet venait à point nommé. La pile sans mercure allait s'appeler « green power », nom qui réunissait les deux soucis de cette époque paradoxale : environnement et efficacité. Ce fut un succès commercial énorme et une valeur ajoutée considérable pour le groupe.

Ce succès ne devait pas tarder à se traduire en plus-value financière. Avec ses nouveaux atouts, le groupe Wonder-Mazda était devenu rentable. Et vendable. Il intéressait le n° 1 mondial du secteur, Union Carbide, qui souffrait de graves problèmes d'image depuis une catastrophe humaine et écologique survenue dans une de ses usines. Union Carbide avait besoin de Green Power et était prêt à la payer le prix. Neuf cents millions fut le chiffre retenu.

Nous avions investi, en tout, trois cents millions de francs dans la reconstruction de ce pôle. Sa vente laissait six cents millions de bénéfice net. La moitié de ce résultat revenait à Francis Bouygues qui se félicitait d'avoir ainsi accordé une confiance qu'il ne m'a jamais retirée. Bien des années plus tard, il m'a associé à la grande aventure de la privatisation de TF1. Mais c'est une autre histoire.

Deux fiertés

La reprise de Wonder fut certes une réussite exceptionnelle mais je n'ai, dans le principe, rien fait d'autre avec les entreprises que je suis parvenu à sauver. Au total, quand je considère cette période, j'ai deux fiertés. La première, c'est de n'avoir jamais laissé mourir une entreprise : aucune de celles que j'ai reprises en dépôt de bilan n'a été ultérieurement liquidée. Aucune. Souvent, le prix à payer a été très élevé. Dans Testut, par exemple, j'ai réinjecté trois cent cinquante millions de francs m'appartenant pour sauver l'activité et l'emploi.

Cet effort ne m'a pas empêché d'être condamné pour un curieux « abus de biens sociaux » dénoncé par le porteur d'une action sur un total de quatorze millions. On m'a alors reproché d'avoir financé, comme la loi l'autorisait à cette époque, une campagne électorale, celle de Léon Schwartzenberg lors des régionales de 1992 dans les Alpes-Maritimes. Le grief était plus précis : même s'il était légal, le parquet avait estimé que ce financement était sans intérêt pour l'entreprise, située dans le Pas-de-Calais. En clair, si ce versement électoral avait permis à Testut d'obtenir, par compensation, des marchés ou d'autres avantages, il n'y aurait pas eu d'abus de biens sociaux ? C'est ce qu'avaient compris les grandes entreprises qui passaient des contrats avec les collectivités locales ! Et qui continuent...

Bref, je n'ai jamais fermé une entreprise rachetée. Certes, il a fallu fermer certaines unités de production et, trop souvent, supprimer des emplois. Curieusement, malgré tous les procès qui me sont faits sur ce thème, la sauvegarde de l'emploi est ma deuxième fierté. Et la plus grande. Au total, j'ai eu quatorze mille cinq cents salariés dans mon groupe et j'ai été contraint, en effet, d'opérer plus de deux mille cinq cents licenciements. Il faut d'abord comprendre qu'une entreprise ne peut être en dépôt de bilan que si elle souffre d'une ou plusieurs inadaptations : problèmes industriels et commerciaux comme on l'a vu dans le cas de Wonder, problèmes de sureffectifs presque toujours. Dans la plupart des cas, il n'y a pas de possibilité de sauver l'entreprise si on ne procède pas à des licenciements. Dans un premier temps, il est nécessaire de « nettoyer » les bilans pour rétablir la vérité du passif et de l'actif, quelquefois ignorée voire dissimulée par les anciens dirigeants. C'est un exercice qui réserve parfois des surprises douloureuses et qui fait apparaître des situations catastrophiques. Parmi les mesures d'urgence à décider par le repreneur figure toujours, au premier degré de nécessité, la compression des effectifs.

Cette décision n'est pas facile à prendre et je n'autorise personne à penser ni à dire que je l'ai prise de gaieté de cœur, quand bien même elle était indispensable. J'ai le souvenir d'une des usines Wonder, située à Lisieux, qu'il avait fallu fermer ; chacun peut comprendre qu'on crée des doubles emplois quand on fusionne deux entreprises aussi proches que Wonder et Mazda. En l'occurrence, j'ai choisi de céder les terrains et certains locaux de l'usine moyennant un franc symbolique, de façon à permettre la création d'une nouvelle entreprise spécialisée dans le plastique injecté. A tous les salariés concernés, j'ai fait présenter des propositions d'embauche sur d'autres sites ; évidemment, tous n'ont pas pu accepter, je le comprends. Plus généralement, je comprends que l'employé qui perd son travail en raison des restructurations que je suis obligé de conduire me traite de « salaud ». Mais je ne supporte pas de lire les mêmes commentaires dans la presse économique dont les journalistes connaissent parfaitement les contraintes du genre.

Une croisade pour des regrets

Pour ma part, je ne me suis jamais accommodé du chômage. C'est peut-être pour compenser, au moins partiellement, les licenciements auxquels j'avais dû procéder dans mes entreprises que j'ai décidé, en 1986, de créer des écoles de vente réservées à de jeunes chômeurs sans formation. Là encore, cette initiative a été brocardée et même combattue par les bien-pensants de cette curieuse économie libérale où certains ne prennent jamais aucun risque. Il reste que les écoles de vente créées d'abord à Béziers, puis à Ambert, Paris, Compiègne, Namur, Marseille, etc., ont constitué une chance exceptionnelle pour plusieurs milliers de jeunes à qui le système classique avait fermé ses portes. Ils sont nombreux, dans l'épreuve que je traverse, à me témoigner leur gratitude par des lettres qu'ils m'adressent jusqu'en prison pour me dire à leur tour : courage ! Aujourd'hui encore, j'estime que le chômage, celui des jeunes en particulier, n'est pas une fatalité et qu'il doit être combattu énergiquement avec tous les moyens publics et aussi par l'implication des entreprises privées. En 1994, lors de la campagne des européennes, j'ai émis l'idée simple – d'ailleurs empruntée à notre Constitution qui proclame le droit au travail pour chaque citoyen – que la collectivité nationale devait réaffirmer l'illégalité du chômage des jeunes. J'ai tout entendu au sujet de cette proposition, tout et particulièrement des insultes : démagogue, populiste, menteur, irresponsable, j'avais tous les défauts. En écoutant attentivement les propositions faites peu après par M. Balladur, alors Premier ministre, puis par M. Chirac, alors candidat aux présidentielles, ou plus récemment par M. Jospin et le parti socialiste, j'ai eu l'impression que les maux dont on m'accusait étaient contagieux. Tous ont repris ma proposition, avec une différence de taille : ils l'ont reprise dans le jargon qui caractérise la classe politique française, de telle façon que personne n'a compris ce qu'ils voulaient proposer au juste. Sur le fond, ils avaient cependant raison ; l'idée de la création volontariste de centaines de milliers d'emplois pour les jeunes était bonne et la lutte contre le chômage doit, en effet, être la première priorité de toute action politique.

C'est d'ailleurs à cause de l'incompatibilité entre mes engagements publics et l'obligation où j'étais d'envisager des licenciements pour redresser Adidas que j'ai choisi, en 1992, de modifier complètement mes activités pour me consacrer essentiellement à la politique. Cette décision, je l'ai prise en accord avec mon banquier lorsque Pierre Bérégovoy m'a proposé d'entrer au gouvernement. En la prenant, je ne savais pas que j'offrais à ceux qui voulaient m'abattre l'arme qu'ils cherchaient depuis longtemps.

IV

LE PRIX DE LA POLITIQUE

En raison de l'état de santé de mon père, j'ai obtenu du juge d'application des peines une permission de sortie. Il s'agit du reste d'une sortie bien modeste, quelques heures. J'ai été autorisé à quitter la prison de Luynes hier, samedi, et je devrai y retourner aujourd'hui dimanche en fin d'après-midi. Même courte, même ordinaire, même motivée, cette autorisation choque encore la bonne conscience de la société médiatique. C'est vous dire. On m'a tellement présenté comme une personnalité extraordinaire que l'on juge anormal le fait que je sois traité comme tout le monde par un juge qui ne mène pas, contre moi, de croisade particulière. Les commentaires de certains médias sur cette permission montrent bien l'état d'esprit qui les anime : puisque je suis emprisonné, je dois le rester. Éternellement. Sans aménagement. Sans espérance de sortie. Il faut que ma nouvelle vie soit conforme à ma nouvelle image.

Même chichement comptées, même assombries par la maladie de mon père, ces quelque heures passées au milieu de ma famille me font un bien immense. Comme dans toutes les difficultés que nous avons traversées, le clan se resserre.

Mes parents, ma femme, mes enfants, mon frère, tout le monde est là pour faire front ensemble. Rien n'est plus précieux que cette solidarité qui se passe d'explications, de justifications. Si l'un des nôtres souffre ou s'il est attaqué, il n'a rien à dire, rien à demander, les autres arrivent aussitôt, naturellement. C'est, là encore, une richesse bien plus grande que toutes les richesses, et celle-là, personne ne pourra nous la retirer. Au moment de quitter les miens, tout à l'heure, j'aurai en moi la force qu'ils m'auront insufflée, la force d'espérer, la force de croire en la vie. Je les aime. Merci à eux.

Il y a hommes et hommes

Il ne m'arrive pas que de mauvaises nouvelles. Chaque jour, la poste censurée continue à m'apporter d'émouvants témoignages de solidarité. La lettre la plus étonnante cependant était ouverte, comme toutes les autres, mais elle n'était pas postée. C'est Alain Delon qui l'a publiée jeudi dernier dans *Le Figaro* : Lettre ouverte à Bernard Tapie. Je ne connais pas Alain Delon. C'est à peine si je l'ai aperçu de loin en loin lors de réceptions ou de manifestations publiques. Je ne sais rien de lui, hormis qu'il est un immense acteur. La réputation qu'on lui fait est de ne s'intéresser qu'à lui-même. J'avais eu une impression différente en apprenant qu'il était allé s'incliner devant la dépouille mortelle de François Mitterrand dont il ne partageait pourtant pas les opinions politiques. Et lui, qui ne me doit rien, pour qui je ne peux rien, m'a envoyé ce message, d'homme à homme, pour me dire de tenir bon, de ne pas céder devant la bêtise et la méchanceté, de penser qu'à l'extérieur d'autres pensent à moi, d'autres comme lui. J'ai été surpris et heureux de cette lettre où il rapporte, sans trop de souci des convenances et des rumeurs, qu'il a aussi connu la prison et qu'il en sait la dureté. Je crois qu'Alain Delon a joué dans un film intitulé *La Race des seigneurs*... C'est cela. C'était un bon titre.

De façon amusante, j'ai trouvé dans le même numéro du *Figaro* la déclaration d'un député européen élu sur ma liste en 1994. C'est, en somme, le contraire exact d'Alain Delon. Je le connais bien ; il me doit beaucoup et notamment sa situation politique actuelle ; mais il pense que je suis à terre, foutu, donc devenu inutile pour lui, qu'il serait même préférable de se démarquer de moi bien nettement pour plaire à mes adversaires. Et ce triste sire d'expliquer au journaliste que, méprisé par Rocard, il a rejoint en 1994 la liste radicale malgré la répugnance que ma personne lui inspirait. Depuis une dizaine d'années, le milieu politique ne m'a pas habitué à beaucoup plus d'élégance mais à un peu plus d'intelligence quand même...

Une passion ancienne

En réalité, l'action politique m'a apporté beaucoup de déboires. Et notamment la ruine. Jusqu'à mon élection comme député, mes entreprises étaient prospères, mon club de football était au plus haut, ma notoriété était positive. Ma « cote d'amour » me plaçait en tête parmi les personnalités les plus aimées des Français. Malgré les grincheux, tout allait bien. Mon engagement en politique a sonné le glas de mon bonheur. Mais aussi, direz-vous, qu'allait-il faire dans cette galère ?

Je fais un nouvel aveu : aussi loin que je me rappelle, j'ai toujours été intéressé par la politique sans jamais vouloir me l'avouer vraiment ; j'ai toujours été certain qu'il s'agissait du moyen privilégié de changer la vie quand elle nous paraissait injuste. Quand je revois mon père lisant *L'Humanité*, chez nous au Bourget, j'ai l'impression qu'il avait conscience de l'injustice, qu'il la regardait froidement comme une question politique, mais qu'il n'entendait pas pour autant se révolter contre l'ordre de la société. Ma rébellion à moi était individuelle. Il me semblait que je pouvais échapper au rôle que d'autres avaient écrit pour moi, que je n'étais pas obligé de le jouer. Bien sûr, dans nos bandes d'adolescents, dans les équipes de sports collectifs, que je préférais à l'effort solitaire, dans l'organisation militaire lors de mon service, j'avais eu l'occasion de vérifier la force d'un groupe de gens unis et déterminés par rapport aux individus éparpillés. Bien sûr aussi, j'avais de la considération pour les responsables politiques, à cette époque où les citoyens respectaient plus leurs élus qu'aujourd'hui. Évidemment, j'avais côtoyé de nombreux hommes politiques de tous bords à l'occasion de rachats d'entreprises ou de projets de rachat et j'en avais croisé plus d'un à l'occasion des différentes émissions de télévision auxquelles j'avais participé. J'ai ainsi pu constater qu'un grand nombre d'entre eux étaient sincèrement dévoués au bien public, j'en ai vu plus d'une et plus d'un sacrifier leur vie personnelle, leur vie de famille, pour ne se consacrer nuit et jour qu'aux charges de leur commune, de leur département ou de leur région. Quant à moi, le monde de l'entreprise, du sport et de la télévision me suffisait et, ma foi, j'y réussissais plutôt bien.

La rencontre décisive

Pourquoi le hasard m'a-t-il mis sur le chemin de François Mitterrand ? Jusqu'à ce jour, je ne le sais pas, mais je sais que cette rencontre a totalement changé l'orientation de ma vie. Pour le meilleur... et pour le pire.

Beaucoup a été dit et écrit sur cette rencontre. Mille personnes prétendent en avoir été les organisateurs ou y avoir assisté. La réalité est simple. J'étais – et je suis fier d'être resté – l'ami de Jacques Séguéla qui se trouvait être à l'époque le conseiller en communication le plus écouté par le Président. Écouté parce que talentueux et fidèle. Jacques avait proposé à François Mitterrand de lui faire rencontrer cet étrange personnage qui s'exprimait dans les médias alors que le monde gris et secret de l'industrie et de la haute finance ne se plaît que caché, qui s'occupait de sport et avait aidé Bernard Hinault, chouchou des Français, à revenir au premier plan, qui ne dissimulait ni sa réussite ni son bonheur de réussir. En somme, j'étais, selon l'observateur, l'oiseau rare ou le mouton noir. Il y avait là de quoi intriguer, sinon intéresser, un président de la République dont chacun sait aujourd'hui qu'il n'aimait ni le conformisme ni les jugements des conformistes. Ajoutez à cela que je m'étais attiré, quelques années auparavant, la haine de Giscard d'Estaing en achetant les châteaux de son « parent », l'empereur Bokassa, pour en faire don à l'Unicef, opération que les réseaux de Foccart avaient finalement fait capoter. Bref, Jacques Séguéla propose d'organiser un déjeuner à son domicile et, amusé je crois, le Président accepte.

D'entrée, celui-ci va nous indiquer la limite qu'il entend donner à ce déjeuner. Attendu à 13 heures, il arrive en fait à 13 h 40 et, après un cordial bonjour, souriant mais sans plus, il nous précise qu'il lui faut regagner l'Élysée au plus tard à 14 h 45. Même si je suis impressionné par cette rencontre, je suis décidé à capter l'attention du Président. Comme on disait dans nos cours d'école, je « fais mon intéressant ». A ma grande surprise, François Mitterrand laisse faire et m'écoute attentivement. Par quelques questions, il relance l'exposé de mon parcours ; il veut comprendre : ma jeunesse, le sport, l'entreprise. Je donne des détails qu'il semble noter intérieurement. Lui-même parle peu et n'évoque la politique classique que pour rendre un hommage très appuyé à Laurent Fabius. Pour le reste, il me laisse m'avancer.

Aujourd'hui encore, il m'est difficile d'expliquer à quel point François Mitterrand m'en a imposé lors de cette première conversation. De lui émanait une force mystérieuse faite d'intelligence sereine, de culture discrète et de clairvoyance sans illusions.

J'avais l'impression qu'il lisait à l'intérieur de moi sans rien laisser paraître des sentiments que cette lecture lui inspirait. Jacques m'a rappelé, au cours d'une de ses visites à la Santé, que nous nous étions séparés en fait à 16 h 30...

A cette époque, j'avais déjà eu l'occasion de rencontrer Jacques Chirac que j'avais trouvé très sympathique. Il émane de l'actuel Président quelque chose comme de la gentillesse et de la sincérité – je ne sais pas si ce sont des qualités en politique mais elles y sont rares – qui mettent son interlocuteur à l'aise. François Mitterrand était totalement différent. Il laissait parler, mais on avait peur de parler. Il écoutait attentivement ce qu'on hésitait à dire. Il était petit, avec un maintien modeste, et pourtant on sentait, face à lui, qu'on était en face d'un grand. Dans toutes mes rencontres ultérieures, je ne me suis jamais départi de cette impression bizarre d'être un élève devant son maître. Turbulent et chahuteur, l'élève ; calme et impressionnant, le maître. Il est de bon ton aujourd'hui, dans la gauche prétendument morale, de reprocher à François Mitterrand une sorte de fascination pour les personnages douteux et ambigus. Comprenez les personnages dans le genre de Tapie. La vérité est exactement inverse. S'il y a eu séduction, ce fut celle que cet exceptionnel connaisseur des hommes, de leurs passions, de leurs secrets, a immédiatement exercée sur moi. Bien plus tard, il devait me dire un jour, de façon un peu mystérieuse et en me félicitant de mes résultats électoraux – il me semble qu'il n'y avait que ça qui l'impressionnait vraiment : « Vous êtes un des plus doués de votre génération, mais quel dommage que vous aimiez tant ce que vous aimez. » Il m'a fallu du temps pour comprendre. Du temps et peut-être aussi la réflexion forcée qui m'est imposée aujourd'hui.

Mais en 1985, François Mitterrand avait une préoccupation qui expliquait notre rendez-vous : passé l'euphorie de 1981-1982 et le tournant de la « rigueur », il fallait réconcilier la gauche avec l'économie. L'exercice du pouvoir avait appris aux socialistes que le marché était incontournable, surtout du fait des engagements européens de la France, et qu'il fallait donc réhabiliter l'entreprise comme seule productrice de richesses à partager et comme seule véritable créatrice d'emplois dans une période où le chômage prenait des proportions vraiment inquiétantes. Les socialistes n'étaient pas sortis sans douleur de leur dogmatisme anti-marché, anti-profit, anti-entreprise. Mais le Président voulait conduire cette évolution à marche forcée en contraignant le pays, et en premier lieu ses amis politiques, à jeter un regard nouveau sur leurs entreprises. Et j'avais été choisi pour contribuer à cette nouvelle pédagogie.

Cette mission, très nouvelle pour moi, m'intéressait. Le commanditaire me fascinait et le travail me passionnait. Il s'agissait de rencontrer des dirigeants socialistes afin de leur faire partager la vision d'une gauche moderne acceptant les règles économiques pour y apporter plus d'humanité ; j'en ai rencontré beaucoup : certains comprenaient vite, certains ne voulaient pas comprendre, certains ne comprenaient rien, d'autres feignent aujourd'hui de ne m'avoir jamais rencontré... Je devais, en outre, continuer à multiplier les interventions publiques pour affirmer que le profit et la libre entreprise n'étaient pas incompatibles avec la solidarité et les valeurs humanistes. Je n'avais pas beaucoup à me forcer : c'était ma conviction la plus intime. En outre, ce plan de travail tombait bien puisqu'il coïncidait avec le lancement d'une émission sur TF1 qu'une excellente amie, Marie-France Brière, à la demande de son président Hervé Bourges, m'avait proposé d'animer : « Ambitions ». J'allais faire d'une pierre plusieurs coups.

Lors de notre première rencontre, le président de la République avait d'ailleurs manifesté un intérêt presque gourmand pour ma manière de faire de la télé. Il ne montrait aucune gêne à être à son tour l'élève et faisait preuve d'une très grande attention. J'avais eu des difficultés à lui exposer une méthode, car la mienne était sommaire : pas de méthode, seulement de la spontanéité. Quant aux trucs nécessaires à une bonne prestation télévisée, Jacques Séguéla pouvait les lui apprendre beaucoup mieux que moi. Du reste, la suite a montré que François Mitterrand avait su utiliser la meilleure partie des conseils qu'il avait reçus : il est vite devenu imbattable à ce jeu-là. Je me rappelle quand même qu'il m'avait, peu de temps après, adressé un mot manuscrit très aimable pour me féliciter de la première d' « Ambitions » ; l'exercice lui avait plu. Certains se souviennent que pendant plus de deux heures, en vrai direct, devant un vrai public (en moyenne six mille spectateurs), avec les meilleurs représentants des médias de l'époque (Anne Sinclair, Serge July, Jean Boissonnat, etc.), avec l'assistance des meilleurs chefs d'entreprise, des représentants d'institutions financières et des décideurs politiques, bref du « gratin » de la société, cette émission permettait de donner naissance à des projets d'entreprise de jeunes préalablement sélectionnés. Des records d'audience avaient salué la performance.

Je ne sais si ma première mission aux confins de la politique (parler de l'entreprise aux socialistes) avait également satisfait le président de la République, mais je me souviens que c'est lui qui m'a suggéré, en 1988, d'être candidat aux élections législatives à Marseille pour contrer Le Pen et son Front national qui avaient décidé – déjà ! – de concentrer leurs efforts sur les Bouches-du-Rhône en présentant, pour la seule ville de Marseille, les candidatures de Martinez, Mégret, Stirbois et Le Pen lui-même. Le Président souhaitait également à cette occasion que la majorité de gauche s'élargisse à des non-socialistes ; le mot d'ordre d'ouverture était à la mode.

Les deux projets m'ont plu. Cogner Le Pen, c'était dans mes cordes, si j'ose dire. Je devais le démontrer à la télévision, quelques mois plus tard, en acculant le leader d'extrême droite par une violence et une détermination encore plus grandes que les siennes. Les dirigeants politiques de gauche ne se bousculaient pas – et ne se bousculent toujours pas – pour l'affronter. Redoutable débatteur, jamais à court d'une fanfaronnade ou d'une formule choc (qui l'ont conduit aux procès que l'on connaît), aveugle devant plus d'une évidence, il avait une autre force : contre le système politique classique qu'il appelle l' « établissement », il faisait sans cesse référence au peuple, à la volonté populaire, aux aspirations des citoyens les plus démunis. Malheureusement, il faut dire que cette argumentation laissait les responsables politiques, et même les leaders de la gauche, totalement désemparés. Cela ne marchait pas avec moi. Le Pen ne pouvait me faire le « coup » du peuple. De fait, je crois l'avoir dominé lors de notre débat télévisé de décembre 1989 et, dès 1988, j'avais déjà hâte de mener ce combat contre la haine, contre le racisme, l'antisémitisme et la xénophobie. J'ai en horreur tous les thèmes manipulés par Le Pen et par l'extrême droite et, aujourd'hui, s'il me restait, malgré toutes les entraves, toutes les trahisons, toutes les déceptions, une seule raison de faire de la politique, ce serait d'abord pour contrer Le Pen et ses idées nauséabondes, tellement insupportables. Comme je m'y étais engagé et comme je l'ai fait.

Le deuxième projet de François Mitterrand m'exaltait aussi : aider le parti socialiste à reconquérir une majorité perdue par la gauche aux législatives de 1986. Comment naît une conscience politique ? C'est un mystère. Toujours est-il que je me suis toujours senti de gauche et que je n'ai jamais été socialiste. Depuis mon enfance, toutes les injustices que j'ai constatées – sans parler de celles que j'ai subies – m'ont paru possibles à corriger. Entre le fort et le faible, je suis comme beaucoup du côté du faible car il me semble que celui-ci a plus besoin d'aide que celui-là. C'est ma spontanéité mais, je le dis clairement, ce n'est pas ma doctrine. En réalité, j'ai toutes les doctrines en horreur. Je crois que tous ceux qui s'enferment dans un dogme, dans une idéologie, perdent de vue la réalité des faits. Et, en politique, je crois qu'il faut combattre l'injustice pour rendre la société meilleure, mais je ne crois pas du tout à une société idéale. Je n'y crois pas et je ne la souhaite pas. Je veux que tous aient des droits égaux. Je veux une société juste, mais pas uniforme. En résumé, je suis favorable à l'égalité des chances et pas à l'égalité des situations. Voilà pourquoi je n'ai jamais été de droite, mais jamais socialiste non plus. La droite et la gauche me l'ont bien fait payer.

L'épreuve du feu

D'abord, mon engagement à gauche était insupportable pour la droite. On peut être riche, brasser d'énormes affaires, et faire quand même de la politique ; le cas n'est pas rare... à condition de s'engager à droite et de défendre ses propres privilèges. Certains le font, avec autant de réussite que d'indécence. Pour moi, j'étais encore moins pardonnable puisque j'avais été pauvre avant de l'être un peu moins. Qu'un gamin de banlieue échappe à son destin tout tracé pour devenir chef d'entreprise, cela ne peut être accepté par les puissants et les riches que si, dans une sorte d'hommage au système, l'intéressé vient dire la perfection d'une société qui lui a permis de s'élever ainsi. Moi j'ai eu tous les culots : je suis sorti de ma banlieue, j'ai acquis une certaine puissance économique et financière, et enfin, au lieu de remercier ceux qui m'avaient autorisé à vivre, je suis venu en politique pour dire que notre société était injuste et qu'on pouvait l'améliorer. Ce que je crois encore vrai. J'ai transgressé toutes les règles. J'ai prouvé que j'étais porteur de tous les dangers pour les conservatismes coalisés. Imaginez que les jeunes des banlieues auxquels je me suis adressé viennent à suivre mon exemple ! L'urgence était de démontrer que ma démarche n'avait rien d'exemplaire.

On pourrait croire que l'hostilité unanime de la droite – à l'exception remarquable de quelques amis personnels – m'a valu automatiquement, sinon l'estime et l'amitié, du moins une certaine considération de la gauche. Ce serait mal connaître la gauche française. Qu'elle soit politique ou syndicale, communiste ou socialiste, la gauche officielle déteste tout ce qui ne lui ressemble pas, c'est-à-dire... une grosse moitié du pays. Elle seule est légitimée à conduire les luttes contre les inégalités. Elle en est même propriétaire. Et surtout, elle préfère perdre seule plutôt que gagner avec des alliés qui ne seraient pas complaisants.

En 1988, après avoir réduit au strict minimum des investitures l'appel à l'ouverture lancé par le Président, le parti socialiste s'est soigneusement arrangé pour laisser perdre – ou, au besoin, pour faire perdre – tous les candidats désignés au nom de cette logique pourtant intelligente. En 1988, il fallait envisager l'ouverture de la majorité à des centristes ralliés, à des hommes de gauche dépourvus d'étiquette partisane ou encore à de nouveaux acteurs venus de la société civile. Aux yeux des apparatchiks socialistes, j'appartenais aux deux dernières catégories. J'étais donc doublement dangereux.

J'ai beaucoup appris lors de cette campagne des législatives dans une circonscription que les socialistes marseillais avaient soigneusement choisie pour son imprenabilité, car très à droite. Puisqu'il était impossible de ne pas me soutenir officiellement, il fallait au moins s'assurer que je perdrais. Et si on n'en était pas absolument certain, on devait y veiller, et même y mettre la main. Je n'avais contre l'appareil socialiste que l'appui d'un petit groupe fidèle à la mémoire de Gaston Defferre, conduit par Charles Émile Loo, et celui de Mme Edmonde Charles-Roux à qui je ne pourrai probablement jamais rendre tout ce qu'elle a si bien su m'apporter. J'ai perdu cette élection d'une courte tête, soixante-dix voix, après avoir été annoncé vainqueur. En étudiant, bureau par bureau, les résultats du scrutin et en les rapprochant de ceux des consultations précédentes, il était facile de constater que les socialistes locaux avaient eux-mêmes organisé ma défaite pour éviter que je vienne dans l'avenir déranger leurs petits calculs de pouvoir. De leur point de vue, ils avaient raison, j'étais en effet très décidé à bousculer leurs spéculations, leur petit jeu du « que le meilleur perde ».

Les dix commandements

N'allez pas croire que le grenouillage de la politique politicienne serait désordonné, n'aurait aucune règle, au prétexte qu'il se déroule dans un marécage. Au contraire, il obéit à des lois très strictes. Ces lois sont certes assez éloignées de celles qui régissent la vie ordinaire ; elles sont peu compréhensibles par un électeur de base ; elles sont souvent en contradiction avec le discours des responsables ; elles sont la négation des principes qu'ils affichent. Elles n'en sont pas moins observées rigoureusement.

Le prix de la politique

Peut-être dois-je à mon enfermement, et à l'envie de me changer les idées coûte que coûte, le désir de vous faire partager ce que j'ai appris dès 1988 dans les Bouches-du-Rhône sur les règles, suivies à droite et à gauche, au plan local comme au plan national, qui s'imposent à tout élu politique. Je vous les livre avec impertinence telles que je les ai vu appliquer par l'immense majorité des responsables politiques.

Voici les dix commandements de cette activité particulière.

La loi de l'altitude. Tu devras veiller à ne pas ressembler à tes électeurs et à ne pas te mêler à eux. Selon ton âge et ta famille politique, tu devras ressembler à leur notaire ou à leur professeur. Toi tu sais tout, pas eux. La proximité est un sujet de discours, pas une pratique avouable.

La loi de l'apparence. Tu ne t'attacheras pas à des notions archaïques et inutiles telles que le bien et le mal, le vrai et le faux, le juste et l'injuste ; tu travailleras ton style. L'important n'est pas ce que tu es mais seulement ce que l'on croit que tu es. Que ton style soit bien, vrai et juste.

La loi de la hiérarchie. Tu apprendras que le pouvoir est une chaîne d'intérêts où tu trouveras ta place si tu joues le jeu convenu. Mais le moment venu seulement. Sois donc fort avec les faibles et faible avec les forts. Le reste n'est qu'anarchie ou idéalisme qui va à l'encontre de tes intérêts.

La loi du territoire. Tu observeras que la fin du Moyen Age est une fiction entretenue par des universitaires qui ne connaissent pas la politique. Tu vis toujours au Moyen Age et tu seras le seigneur d'un fief que tu devras garder coûte que coûte. Tu ne toléreras aucune autre présence sur ton territoire, surtout celle de personnes compétentes et qualifiées, et plus celui-ci sera petit plus tu devras le garder jalousement.

La loi de la haine de proximité. Ton adversaire politique n'est pas ton ennemi : c'est sa présence qui justifie la tienne. Ton véritable ennemi est à côté de toi car il concourt au même projet et ne vit que pour prendre ta place. Tu devras lui réserver tes armes les plus efficaces. L'arquebuse pour l'adversaire, le poison pour l'ami ou pour le frère.

La loi de la comptabilité paradoxale. Tu ne seras jamais débiteur en rien. Celui à qui tu dois est flatté par ton existence. Tu peux lui demander plus encore ; ta dette devient créance. Et quand, à force de dettes accumulées, tu lui devras tout, il sera grand temps de le rayer d'un trait de plume de ton bilan. Il faudra le faire disparaître.

La loi de l'avenir radieux. Tu feras profession d'optimisme. Ta fonction étant d'organiser l'avenir, celui-ci ne pourra être que parfait si on te le confie et désastreux si on le confie à d'autres. Rien de la réalité ne devra résister à ton pouvoir et à ton imagination. Tu devras témoigner de ta confiance par un sourire permanent, spécialement le soir d'une défaite électorale que ton optimisme finira par transformer en victoire.

La loi de l'amnésie. Si l'avenir vient à déjouer tes pronostics, tu te feras un devoir de les oublier. C'est lorsque l'avenir imaginé entre dans le présent et la réalité qu'il devient particulièrement décevant. Tu négligeras alors cet avenir désormais inutile pour un nouvel avenir incomparablement meilleur.

La loi du pouvoir en soi. Tu n'épuiseras pas ton énergie en te demandant à quelle transformation sociale tu pourrais appliquer ton pouvoir. Celui-ci te suffira par lui-même et tu ne veilleras qu'à le consolider et à l'accroître. Toute autre utilisation de ton pouvoir ne manquerait pas de le compromettre en l'exposant au jugement de tes contemporains. Un pouvoir qui se justifie crée le début du désordre et le désordre est toujours préjudiciable au pouvoir.

La loi du citoyen sacralisé. Moins tu auras de considération pour les citoyens réels, ordinaires et vivants, plus tu vénéreras le Citoyen abstrait, idéal et désincarné. Tu en feras la référence absolue de tous tes discours, sans aucun risque d'être contredit. Le citoyen n'existe que comme une statue ; le reste n'est que foule d'électeurs, d'administrés, de contribuables et de sujets.

Je n'ai eu de cesse de contrarier les tenants de ces règles d'or. L'invalidation du résultat de l'élection marseillaise, trop évidemment truquée, m'en a fourni l'occasion. En janvier 1989, j'ai été élu député des Bouches-du-Rhône. Je recevais un mandat électif et ma fierté était grande lorsque je suis entré pour la première fois à l'Assemblée nationale, fort de la confiance de mes concitoyens à défaut d'avoir celle de la gauche convenable.

Au moins les calculs de François Mitterrand s'étaient-ils révélés meilleurs que ceux des socialistes marseillais. Le Président, « le chef » comme nous l'appelions entre nous, avait le goût de la victoire électorale ; c'est une des raisons pour lesquelles l'intérêt qu'il me portait ne s'est jamais démenti.

Contrairement à pas mal de ses courtisans de l'époque, devenus, aujourd'hui, ses contempteurs les plus féroces, il avait à la fois la mémoire et l'imagination, l'expérience et l'instinct politique, la culture et l'intuition. Il pensait que les socialistes ne reviendraient pas seuls au pouvoir et que, lui parti, il faudrait rééquilibrer la gauche française par une nouvelle force réformiste, moderne et populaire. Tel est le rôle qu'il m'assignait : créer cette force nouvelle.

Je n'ai jamais été un mitterrandolâtre. Je suis simplement un fidèle. Et je garde de la gratitude à François Mitterrand pour m'avoir fait confiance, m'avoir suggéré l'action politique, m'avoir donné des responsabilités, et m'avoir défendu quand le besoin s'en est fait sentir. Cela ne me rend pas dupe de ce qui pouvait entrer de calcul politique dans son choix de me donner des moyens d'action et de m'assigner des objectifs. Indiscutablement, l'homme savait utiliser les autres et même quelquefois les manipuler. Ce talent qui n'est pas tellement répandu lui aura valu sa réputation de cynisme et de machiavélisme. J'en vois aujourd'hui qui sont bien plus cyniques, bien plus machiavéliques, et qui ne lui arrivent pas à la cheville. Et je sais aussi que, passé les manipulations politiques, atteints et dépassés leurs petits objectifs misérables, ils ne sont plus capables de voir les hommes dont ils se sont servis, ni même ceux qu'ils ont servis par pure hypocrisie.

Je garde de François Mitterrand un tout autre souvenir. Il lui est arrivé de m'adresser des signes de fidélité alors que je ne pouvais plus lui être utile en rien. Au contraire.

Le prix de la politique

Ce matin du 28 novembre 1995, alors que se termine le procès, en appel, de l'affaire OM/VA, je suis dans un hôtel de Douai lorsque le téléphone sonne. Il est sept heures du matin. Triste endroit, triste matin. C'est François Mitterrand qui m'appelle et qui s'intéresse encore à mon sort alors que ses propres jours sont comptés. Il me dit des mots d'une orgueilleuse simplicité, les mots que j'ai besoin d'entendre pour tenir : « Pensez à tous ceux que vous avez fait rêver. Ils vous regardent. Ils ne verront que votre manière de faire face à la sanction qui ne manquera pas de vous être donnée... Tout est fait pour ça. J'ai rencontré les gens du football : c'est votre élimination qu'ils souhaitent. Faites face. » Tout ce qui importait était contenu dans ces quelques phrases.

Et puis, peu de temps après, pendant le même hiver trop précoce, un autre appel. Je viens de perdre ma grand-mère, je suis dans ma voiture et je roule sur la route de Pamiers, dans l'Ariège. François Mitterrand a cherché à me joindre. On lui a fait part du décès et il a voulu me parler pour me réconforter. Il me dit quelques mots sur la mort et ses mystères, des mots qui seraient banals si sa maladie à lui ne leur donnait un sens étrange, comme un écho de l'au-delà.

Un mois plus tard, François Mitterrand disparaissait.

Comme beaucoup de responsables politiques, j'ai assisté à la cérémonie officielle organisée à Notre-Dame-de-Paris. Le protocole avait veillé à ce que je sois placé à un endroit où je ne serais pas trop visible. Quant aux autres, on les voyait bien, merci.

On les voyait trop. C'était un concours de postures, de mines défaites et d'airs comparses. Chacun pleurait de son meilleur profil. Je n'ai pas pu tenir jusqu'à la fin. Je suis sorti avec l'impression de retrouver l'air pur au milieu de la foule immense des gens simples et simplement émus qui se massaient sur le parvis. Ceux-là étaient sincères, et ce rassemblement dépourvu de calculs et de fard constituait le seul bel hommage populaire. Un grand hommage pour un grand homme. Aujourd'hui, alors qu'il ne me reste rien, je suis fier encore et riche de la confiance qu'il m'avait accordée.

Mais cette confiance m'a rendu le pire des services : en montrant, à partir de 1989, que je pouvais gagner des élections mais aussi déstabiliser les mécanismes politiques classiques trop bien huilés, il m'a involontairement accroché une cible dans le dos. En mettant le pied en politique, je dérangeais trop d'intérêts pour en sortir indemne. Je ne savais pas encore que, pour moi, le danger serait très exactement proportionnel au succès. C'était un monde nouveau.

A propos de corruption

Aujourd'hui, je mesure de quel prix j'ai payé la confiance que m'avaient faite le président de la République d'abord, mes électeurs ensuite. C'était cela, le crime impardonnable : ne pas jouer le jeu vous rend suspect, en contester les règles vous fait passer pour hérétique, prétendre les changer et s'en donner les moyens fait de vous un condamné.

Dans mon cas, on s'est servi de la justice pour m'empêcher de faire de la politique. Vous pouvez vérifier chaque jour que, pour d'autres, on se sert de la politique afin d'empêcher de rendre la justice. Ceux-ci ne contestent pas le système. Même leurs délits, leurs indélicatesses sont encore une manière indirecte et perverse de rendre hommage à un ordre social qu'ils jugent excellent, puisque fait sur mesure par eux et pour eux. La presse est encombrée d'affaires, de faits divers judiciaires enracinés sur la frontière qui devrait séparer le monde de la politique de celui de l'économie. Grenoble, Lyon, Angoulême, Nice, Cannes, Toulon, la liste est longue des collectivités locales volées par leurs élus, pour ne rien dire de l'incroyable coupe réglée que subissaient la Ville de Paris, la région Ile-de-France, leurs offices HLM et leurs sociétés d'économie mixte. Dans tous ces dossiers apparaissent des intermédiaires véreux, mais également les plus grandes entreprises françaises, montrant ainsi qu'il n'y avait pas de moyen plus efficace que la corruption pour obtenir des marchés publics.

Deux caractéristiques communes dans ces affaires. D'abord, les pratiques épinglées par la justice, celles que les juges sont empêchés de traiter, consistent toujours à transformer, par des procédés grossiers ou sophistiqués, de l'argent public en argent privé. C'est un procès qu'on ne m'a pas fait et qu'on ne pourra me faire. Testut, l'OM, Adidas... on m'a souvent reproché d'avoir mis dans ma poche droite ce qui appartenait à ma poche gauche, c'est-à-dire à moi. Je ne pille pas les budgets publics.

Ensuite, les protagonistes des « affaires » politico-judiciaires se sont presque tous fait prendre pour une raison simple et bête : ils étaient pauvres avant leur élection et ils devenaient riches après leur élection. Voilà encore un reproche qu'on ne me fera pas. Certains – condamnés ou non – s'enrichissent par la politique ; pour ma part, la politique m'a ruiné. C'est une différence notable.

V

LE PIÈGE

On croit que les prisons ne sont laides et inhumaines que de l'intérieur. Vues du dehors, les maisons d'arrêt « à l'ancienne », telles que la Santé à Paris, n'offrent au passant que de hauts murs, certes gris et tristes, mais banals comme des clôtures intégrées à la ville. Rien de tel avec de nouvelles prisons comme celle d'Aix-Luynes. On les a installées à la campagne, en rase campagne, et chacun peut voir, depuis la route ou depuis les rares maisons environnantes, ces pénitenciers à l'américaine, posés avec leurs quadrilatères de béton, leurs grillages épineux et leurs miradors, comme de vilaines verrues sur les paysages provinciaux. C'est d'une laideur froide, moderne, scientifique et industrielle, comme des abattoirs... Je peux désormais voir ma prison de l'extérieur deux fois par jour.

Le tribunal d'Aix-en-Provence m'a en effet accordé la semi-liberté que j'avais sollicitée comme peut le faire n'importe quel condamné à qui il reste moins d'un an de prison à faire. Le juge d'application des peines avait donné son accord qui aurait dû suffire, comme dans la quasi-totalité des cas. Mais le parquet, obéissant en la circonstance au garde des Sceaux et qui, il faut bien le dire, ne s'est pas fait prier, avait fait appel. Nous sommes passés à la cour d'appel d'Aix. Au vu du contrat de travail qui me permettra de participer à l'activité commerciale d'un chantier naval marseillais, les juges ont estimé que je pouvais, sans trouble pour l'ordre public, sortir de prison pendant la journée. Peut-être ont-ils pensé aussi, sans le dire, que j'avais déjà été assez sévèrement puni par la condamnation elle-même et par le régime qui m'a été imposé depuis deux mois et demi.

Et pourtant ce n'est pas assez pour certains. Ce samedi 12 avril, ma secrétaire, qui est plus attentive que moi aux réactions des médias, me rapporte le titre choisi, la veille au soir, par un journaliste de télévision, je ne sais plus lequel : « Soixante-huit petits jours et puis s'en va... » En voilà un à qui le temps n'aura pas paru long. Mais quand on me rapporte que la plupart des journaux télévisés, imités le lendemain par la presse écrite, ont ouvert sur le sujet de ma semi-liberté, je me demande ce qu'ils diraient s'ils n'avaient plus l'occasion de parler de moi. Ils devraient d'ailleurs être heureux : depuis deux mois et demi, ils essaient en vain de prendre ou de dérober, pour les vendre, des images de moi entrant en prison ou en sortant ; ils vont désormais avoir deux occasions par jour de continuer leur chasse.

Pour l'heure, un peu partout, le commentaire est le même. Toujours allusif, souvent fielleux. En gros, Bernard Tapie bénéficie d'un traitement de faveur et il exercera un travail de complaisance. Pensez, le patron du chantier naval est un de ses amis, un ancien administrateur de l'OM, le chef de l'entreprise qui avait réalisé les aménagements du *Phocéa*. L'affaire est claire ; il s'agit d'une mesure d'exception...

La vérité est que, pour trouver une personne qui vous propose un contrat de travail quand vous êtes en prison, il vaut mieux avoir affaire à un ami. La vérité est que je n'aurai pas d'autres revenus, après ma démission du Parlement européen et les saisies qui persistent sur mes biens et sur les recettes de mon film, que le salaire payé par cet ami. La vérité est que la plupart des condamnés, sauf s'ils se sont révélés dangereux, bénéficient de cette mesure, et que j'aurais même dû en bénéficier plus tôt. La vérité surtout, celle que tout le monde feint d'ignorer, c'est que je ne suis pas libéré : chaque soir, je devrai rentrer à la prison pour continuer à y subir l'humiliation qu'on a voulue pour moi. On devrait plutôt parler de semi-emprisonnement car j'ai l'impression que le retour dans ma cellule me sera plus pénible encore quand j'aurai pu retrouver un peu de liberté et, surtout, une nouvelle activité.

Mais ne chipotons pas trop. Malgré les commentaires, les restrictions, les limitations, c'est quand même un peu de ciel ouvert qui s'éclaire tout à coup.

Le temps de la vérité

Outre le travail et le dérivatif qu'elle m'apporte, la semi-liberté me permet de rencontrer mes avocats qui luttent, pied à pied, pour faire rendre gorge à mon ancien banquier, le Crédit Lyonnais, dont les déboires alimentent les journaux presque quotidiennement. Il paraît que la banque qui a le « pouvoir de dire oui » est en déficit : de 7 milliards disait-on au début, de 25 milliards suggérait déjà son président, de 100 milliards devait-on découvrir peu à peu, de 200 milliards disent désormais, à l'intérieur comme à l'extérieur, les personnes les mieux informées, de 250 milliards dira-t-on bientôt, comme je l'ai estimé dès le début de ce scandale.

A en croire M. Peyrelevade, j'aurais ruiné le Crédit Lyonnais. Bigre ! Deux cent cinquante milliards à moi tout seul. Même mes « fans » les plus enthousiastes ne m'auraient pas cru capable d'un tel exploit. La vérité est bien sûr très différente : c'est le Crédit Lyonnais qui m'a ruiné ; il l'a fait volontairement ; il a reçu les consignes pour le faire ; ceux qui ont donné ces instructions n'ont agi que pour leur intérêt politique. En réalité, ma banque me doit beaucoup d'argent. Elle a d'ailleurs été condamnée par provision à m'en rembourser une partie, ce qu'elle se refuse à faire en utilisant toutes les astuces, combines et copinages juridiques pour retarder cette inévitable condamnation. Par des manœuvres spéculatives frauduleuses, le Crédit Lyonnais et ses dirigeants ont malhonnêtement participé à l'entreprise de destruction dont le signal a été donné lorsque je suis devenu ministre, en avril 1992. L'affaire est un peu longue à raconter mais très édifiante. Cette histoire implique un retour en arrière. Un retour de cinq années.

Un principe de responsabilité

Après des années d'efforts centrées sur le rachat d'entreprises boiteuses assainies par la méthode que j'ai indiquée, je suis, en 1992, à la tête d'un groupe désormais considéré comme sérieux, qui fait son entrée en Bourse dans de bonnes conditions et qui détient toutes les participations industrielles que j'ai acquises (Testut, Terraillon, la Scaime, la Vie claire, Look, Tournus, Donnay, Grès, TF1, etc.). Avec un milliard de francs de capital, Bernard Tapie Finances (BTF) est la seule société anonyme du groupe.

Toutes mes autres sociétés, GBT qui gère mes 75 pour cent du capital de BTF, FIBT qui détient mes actifs personnels mobiliers et immobiliers, BT Gestion qui est prestataire de services – en communication notamment – pour les autres unités, toutes sont des sociétés en nom collectif dont mon épouse et moi-même sommes les seuls associés. On s'est beaucoup interrogé sur ce choix de cadre juridique et sur un mécanisme de solidarité interne au groupe qui m'exposaient personnellement en cas de difficulté dans une seule des sociétés. Ce montage résulte d'un choix qui correspond à ma philosophie des affaires. Dans mes activités de repreneur, j'ai vu pas mal d'entreprises ruinées, leurs salariés licenciés et privés d'avenir, leurs actifs pillés, tandis que leurs anciens patrons avaient conservé tout leur patrimoine personnel (château, chasse, villa sur la Côte, train de vie), souvent acquis au détriment de leur entreprise. Pour ma part, j'ai souhaité m'inspirer plutôt de l'exemple japonais : si l'entreprise marche bien, il est normal que son patron en perçoive directement les profits ; si elle vient à être en difficulté, il est tout aussi naturel de mettre en jeu les biens personnels du patron pour trouver des solutions. Le destin économique d'une entreprise ne doit pas être dissocié de celui de son propriétaire, sauf à organiser une irresponsabilité générale. Il m'est arrivé de gagner de l'argent, mais rien de ce que je possédais, même à titre personnel, ne devait être à l'abri en cas de difficultés dans mon groupe. Je n'avais certes pas prévu que l'ensemble de cette organisation juridique serait utilisé pour créer artificiellement ces difficultés et pour précipiter ma perte.

« L'affaire de ma vie »

La tendance est encore inverse en ce début d'année 1992 ; par l'acquisition d'Adidas, mon groupe vient de changer de taille et d'échelle. L'achat de cette entreprise de renommée mondiale me permet en outre de concilier à un haut niveau symbolique mes engagements sportifs et mon activité économique. Je le dis : c'est l'affaire de ma vie et je souhaite la conserver.

Il est vrai que c'est une affaire magnifique. Elle m'a été signalée par Laurent Adamowicz, jeune et brillant banquier de Paribas. Adidas possède le plus grand nom et le meilleur renom dans le monde du sport, du sponsoring sportif. Son fondateur, M. Dassler, a voulu en outre lui donner une dimension humanitaire par la fourniture d'équipements sportifs aux pays en voie de développement. Mais il y a un revers à la médaille : Adidas a besoin d'être restructuré et doté de nouvelles orientations stratégiques, alors que son actionnariat est déchiré par la guerre familiale qui oppose les trois sœurs Dassler.

Ces trois femmes sont au demeurant des personnes charmantes pour qui les voit séparément et évite soigneusement de citer devant chacune le nom de l'une des autres. Elles ont leur idée sur un éventuel repreneur ; il ne doit pas s'agir d'un capitaliste classique ; il doit privilégier l'image sportive tout en étant crédible à cet égard ; il doit sauvegarder le caractère « familial » de certains services sociaux à l'intérieur de l'entreprise. Curieusement, le fait que je sois français et de gauche semble leur plaire et je découvre qu'elles sont bien renseignées sur les réussites de Wonder et de Look ou sur les grandes aventures sportives de la Vie claire et de l'OM. Bref, les trois héritières me cèdent la marque aux trois bandes...

Adidas est alors estimé entre trois et quatre milliards, je l'ai négocié à un milliard et demi. Curieusement, la presse économique française qui devrait se réjouir d'une telle acquisition lance contre moi une campagne de dénigrement autour de trois points : Adidas ne vaut rien, Tapie ne pourra pas payer, et, sans trop de souci des contradictions, il a été aidé abusivement par des banques publiques.

Finissons-en ici avec une légende qui me prête des soutiens bancaires liés à mes activités politiques. Je n'ai jamais été aidé par la gauche au pouvoir, bien au contraire. Quand il s'est agi, pour des gouvernements de gauche, de choisir un repreneur d'entreprise, comme dans les cas de Boussac ou de La Chapelle d'Harblay, on m'a toujours préféré un autre opérateur. De préférence, de sensibilité de droite. Pour le rachat d'Adidas, j'ai trouvé mes crédits avec mille difficultés (des promesses ont même été annulées au dernier moment sur pression politique) et aux conditions du marché auprès de groupes français (AGF, UAP, BNP, Crédit Lyonnais) pour la moitié, et en Allemagne, au Japon et aux États-Unis pour le reste. Personne ne m'a fait de cadeau. A l'inverse, les banques françaises impliquées qui devaient consolider leurs prêts (c'est-à-dire transformer des prêts de court terme en prêts à long terme) ont rapidement refusé de le faire sous l'influence de la campagne de presse que j'ai rappelée.

Néanmoins, je vais constituer autour de moi, pour ce projet ambitieux, une équipe exceptionnelle : le président du directoire sera Gilberte Beaux, ancien bras droit de Jimmy Goldsmith ; la présidence du conseil de surveillance sera assurée par M. Friederich, ancien président du consortium d'Airbus et ancien ministre des Finances d'Allemagne de l'Ouest ; pour le marketing et le développement, ce sera M. Strasser, ancien patron de Nike ; Peter Uberoth, responsable des jeux Olympiques de Los Angeles, aura la charge d'Adidas États-Unis, et René Jaeggi conservera la direction opérationnelle. Nouvelle stratégie. Nouveau logo. Restructuration industrielle. Délocalisation. Bref, Adidas va repartir vers les sommets de la gloire et de la réussite.

Parallèlement, je n'ai abandonné aucune des activités qui me passionnent et, pour me récompenser de ma performance électorale aux élections régionales de 1992 dans la région PACA, Pierre Bérégovoy, qui vient d'être nommé Premier ministre, me propose d'entrer au gouvernement.

Ministre ?

En effet, Édith Cresson vient d'être remplacée par Pierre Bérégovoy, qui doit former un nouveau gouvernement. Je le connais pour avoir été en contact avec lui lors de la reprise de Look, principalement basé dans la Nièvre, ce département où François Mitterrand l'a accueilli en 1983. Très vite, nous avons établi des relations de confiance : une commune origine populaire nous permettait de parler le même langage et de savoir que, sous les mondanités et les discours convenus, il y a une vérité des hommes. Pas plus à lui qu'à moi on ne pardonnait la réussite qui va si rarement de pair, dans notre pays, avec une extraction sociale modeste. J'ai bien aimé Pierre Bérégovoy et je suis encore atterré quand je pense à la campagne infâme qu'il a subie et au chemin tragique qu'il a choisi pour redevenir, à la fin, maître de son destin.
En ce jour d'avril 1992, Pierre me dit au téléphone : « Viens à Bercy, il faut que je te voie... » J'ai tellement parlé de la situation des banlieues que je l'imagine me chargeant d'une mission ou d'une délégation, pas d'un ministère et surtout pas d'une responsabilité incompatible avec mes fonctions de chef d'entreprise. Mais Jacques Pilhan m'avertit : « Tu vas être ministre. » Pierre Bérégovoy me reçoit vingt

minutes pour me le confirmer : c'est le ministère de la Ville.

Je sais que, dans le milieu politique, il est plutôt bien vu de faire le blasé et de recevoir les distinctions comme si elles étaient prévisibles parce que parfaitement méritées. Dans l'instant, je ne fais pas le blasé, je suis fou de joie et de fierté.

Pierre Bérégovoy a bien évoqué quelques hostilités manifestées contre mon entrée au gouvernement ; il ne m'a pas donné de détails et il a souligné, ce qui était beaucoup plus important pour moi, que le Président y tenait absolument. Il m'a informé aussi de ses hésitations sur le contenu exact de mon ministère : avec l'Équipement ou sans l'Équipement. Il a finalement choisi d'insister sur la dimension sociale du ministère de la Ville : ce sera une question d'animation, d'impulsion, d'imagination, et pas un problème de gestion de crédits ou de programmes routiers ; cela me convient. Je suis heureux.

J'annonce la nouvelle à mon épouse en croyant l'associer à un grand bonheur. J'ai l'impression de lui avoir fait part d'une catastrophe. Elle me demande : « Pourquoi ? Mais pourquoi ?... » Comme si elle venait d'apprendre que j'étais puni. Elle n'est guère sensible aux honneurs. En revanche, elle n'a pas de peine à deviner qu'à une vie bien remplie vont s'ajouter de nouvelles contraintes. Peut-être sait-elle déjà, avec son intuition incomparable, que la haine de mes ennemis va être multipliée par cent et que cette nomination annonce plus de difficultés que de félicité.

Dans tous les cas, le Premier ministre m'a confirmé ce que j'avais imaginé dès l'appel téléphonique de Jacques Pilhan : ma nouvelle position va être incompatible avec mes activités dans le domaine de l'entreprise. Question de temps en premier lieu ; comment continuer à piloter un groupe de cette importance tout en étant ministre ? Question d'éthique ensuite ; on m'a déjà accusé de me servir de la politique pour le bien de mes affaires, et réciproquement. Nul doute que ces critiques vont redoubler si je suis au gouvernement. On pourra peut-être admettre que je sois propriétaire de participations dans des entreprises, certainement pas que je sois capitaine d'industrie. Question d'efficacité politique enfin, j'ai un problème urgent avec Adidas : l'entreprise qui est en concurrence très sévère avec ses rivaux américains ne peut reconquérir des parts de marché qu'au prix de cinq à six mille licenciements correspondant soit à des sureffectifs nets soit à des emplois qu'il est impératif de délocaliser. Comment imaginer, à l'heure de la mobilisation générale contre le chômage, qu'un ministre de la France soit amené à prendre personnellement des décisions aussi lourdes et pourtant indispensables ? Je n'ai pas de peine à imaginer alors les réactions de la presse, même si je suis encore étonné de constater, cinq ans plus tard, que les milliers de licenciements effectués ultérieurement chez Adidas n'ont été mis au débit de personne. Quand Tapie n'est plus là, il n'y a plus de problème. On peut tout se permettre.

J'ai toutes les peines du monde à accepter intérieurement cette nécessité pourtant évidente : je dois remettre la direction effective d'Adidas à d'autres, il me faut me désengager. Je vais m'y résoudre à contrecœur, mais m'y résoudre quand même, pour deux raisons. La première est que j'ai très envie d'entrer rapidement en action au ministère de la Ville, je suis littéralement excité à l'idée d'avoir en mains un outil aussi puissant. Je dis bien un outil. Pas un trésor ou une décoration : je ne suis pas plus sensible que ma femme aux honneurs et au protocole. Pas une somme de privilèges non plus : pendant toute la durée de ma présence au gouvernement, j'irai à mon ministère ou au Conseil des ministres avec une Safrane payée de ma poche et démunie de klaxon bi-ton ou autre gyrophare. Pas une arme politique : je pense que les ministères ne devraient pas servir à mesurer l'équilibre des influences des partis politiques, mais bien à transformer la réalité sociale. J'ai un outil et je brûle de l'utiliser. Depuis le temps que je parle au Président et à mon ami Pierre Bérégovoy de la banlieue, de ses problèmes, de ses jeunes, ils m'ont pris au mot. Ils me proposent d'expérimenter mes solutions et de prouver qu'on peut sortir du cercle vicieux de l'assistance et de la commisération.

Ma deuxième motivation tient aux réactions qui ont suivi ma nomination. J'ai eu, aussitôt après l'annonce publique, mille appels téléphoniques. Ceux de mes vrais amis et ceux de mes amis de circonstance. Mes enfants ont été heureux, comme par une sorte de revanche qu'ils partageaient avec moi. Ma mère a annoncé ma nomination à toutes ses relations... qui la connaissaient déjà. Mais au-delà de ce premier cercle, j'ai noté avec surprise et tristesse la réaction de la bourgeoisie officielle, des intellectuels de droite et de gauche, des possédants et de ceux qui savent : tous étaient choqués par cette désignation.

D'une façon très révélatrice, ils pouvaient admettre mon élection, puisque le peuple se trompe souvent, mais ils ne pouvaient pas tolérer ma nomination, car le cœur du pouvoir n'a pas le droit de se tromper à ce point. Tapie ministre, on avait touché au sacré !... Je suis donc pressé de leur prouver que je suis capable, avec mon style, mon expérience, mes objectifs, qui ne sont pas les leurs, d'assumer la responsabilité qu'on m'a confiée.

Je décide alors de réunir mes partenaires financiers, Haberer et Albert, et les dirigeants d'Adidas, René Jaeggi et Gilberte Beaux. Il s'agit à la fois de recueillir leurs conseils et d'étudier une formule qui rende compatibles mes différentes activités. Tous me conseillent d'exercer ma fonction ministérielle : on ne refuse pas d'être ministre quand on a l'orgueil de s'estimer potentiellement utile. Tous me suggèrent également de mettre au point un système de désengagement dans mes affaires. Ils ont réfléchi à ce plan qui ferait de moi une sorte de rentier et de pré-retraité : en association avec mes banquiers, je reste personnellement propriétaire de mes parts dans les entreprises mais je ne les gère plus. Ensuite, sur trois ans, je me retire totalement et je peux espérer, *in fine*, dégager un bénéfice suffisant tout en conservant les mains libres pour mon activité politique. C'est entendu. Je suis ministre et je ne serai plus patron.

Un contrat avec le Crédit Lyonnais

La procédure alors retenue par le Crédit Lyonnais et moi est parfaitement claire : nous élaborons ensemble un mémorandum récapitulant nos obligations respectives et toutes les transformations à opérer. Dès lors, je passe du statut de chef d'entreprise industrielle à celui d'actionnaire minoritaire d'un holding patrimonial. Accessoirement, le Crédit Lyonnais me conseille à ce moment de constituer une... société luxembourgeoise. Dernier aspect de l'accord : je donne à la banque un mandat de vente d'Adidas. Curieusement, mon mandataire trouvera un acquéreur deux jours plus tard, et sans aucun profit ; le Crédit Lyonnais a vendu, dit-il, à M. Dreyfus pour le prix d'acquisition simplement, augmenté des intérêts payés aux banques. Bizarre, bizarre. On me fait miroiter que les plus-values dans la nouvelle société patrimoniale à constituer avec la banque permettront, en fin de course, une appréciable compensation. D'accord. Tout cela n'est pas très équilibré et me paraît bien trop favorable au Crédit Lyonnais, mais le mémorandum me permet de sortir la tête haute du monde des affaires et de commencer, en politique, une nouvelle vie. Du moins, c'est ce que je crois alors, on aura l'occasion d'en reparler.

Pour passer – ou pour confirmer – un accord, il faut cependant être deux et, à la suite des législatives de 1993, M. Balladur, Premier ministre, a désigné à la tête du Crédit Lyonnais M. Peyrelevade, afin de laisser vacante la place qu'il occupait à la tête de l'UAP, promise à M. Friedman. M. Peyrelevade n'est pas d'accord avec le résultat global des négociations menées par son prédécesseur, qui organisaient, comme pour un vieux couple, une sorte de séparation amiable et progressive. Il a une autre proposition : il suggère de remplacer le mémorandum par un nouveau contrat prévoyant notre séparation immédiate. Nous ne vieillirons pas ensemble. Pour moi, il ne s'agit alors que de modalités. Je suis d'accord pour cette rupture, mais, puisqu'elle me prive de la plus-value légitimement attendue sur Adidas, le Crédit Lyonnais doit me faire remise de mon passif bancaire, estimé à peu près au montant des plus-values espérées par la société nouvelle. Cette demande convient à M. Peyrelevade et je donne au Crédit Lyonnais un mandat de vente pour mes autres entreprises, de façon à me dégager plus vite et totalement. Une clause ajoutée par la banque au nouveau contrat me laisse presque indifférent : pour solder nos relations commerciales, le Crédit Lyonnais exige que l'inventaire de mes biens personnels (meubles, immeubles, etc.) soit assorti d'une nouvelle expertise, sans toutefois préciser à qui elle incombera. Va pour l'expertise. Je ne le sais pas encore, mais le piège est tendu.

Le nouveau contrat avec le Lyonnais ne constitue pas un cadeau comme on l'a dit ; il est parfaitement normal et bien moins avantageux pour moi que nombre d'accords passés par la même banque (tout récemment, M. Devedjian, qui est député, avocat, et qui doit savoir de quoi il parle, disait de M. Pinault : « A côté de lui, Tapie est un amateur. ») Tout est malheureusement possible dans le monde des affaires et on a vu des patrons calamiteux se retirer fortune faite ou des clients débiteurs partir avec la bénédiction de leur banquier. Mais là, ce n'est plus le chef d'entreprise qui est visé dans la manipulation que prépare M. Peyrelevade ; c'est l'homme politique.

Derrière la banque, la classe politique

Depuis la législative partielle gagnée en 1989, j'ai, en effet, un peu progressé sur ce terrain. Toujours à la demande du Président, j'ai accepté de diriger en les coordonnant les listes socialistes de Provence-Alpes-Côte d'Azur lors des élections régionales de 1992. Le résultat a été à la hauteur de mes espérances. Nous avons fait reculer le Front national qui espérait s'emparer de la région ou, au moins, renforcer les leviers de son chantage politique sur Jean-Claude Gaudin. Dans les six départements, nos listes ont obtenu des scores remarquables alors que, dans toute la France, le parti socialiste enregistrait des résultats piteux. Cette performance d'ensemble n'a pas été étrangère à la décision de Pierre Bérégovoy de m'appeler au gouvernement. Les scores réalisés dans les Bouches-du-Rhône et à Marseille m'autorisent à envisager raisonnablement d'être candidat aux élections municipales dans la deuxième ville de France, projet renforcé par les résultats sportifs de l'OM qui permettent aux Marseillais de retrouver une part de leur fierté mise à mal par la crise économique. D'ailleurs, la relation entre le sport et la politique, qu'on m'a si souvent reprochée comme un mélange des genres, est alors soulignée assez ingénument par Pierre Mauroy : « Ce qui est bon pour l'OM est bon pour le parti socialiste. Alors, vive l'OM. »

Deux détails qui ne manquent pas de sel et qui expliquent un peu la suite. Du temps où il était Premier ministre, Pierre Mauroy a eu un directeur de cabinet qui s'appelait... Peyrelevade. Celui-ci est entré, en 1993, dans un fantomatique « Comité pour l'image de la ville de Marseille » créé par Robert Vigouroux pour sauver son fauteuil de maire en 1995. Je n'ai pas eu l'impression que Peyrelevade soutenait beaucoup l'Olympique de Marseille. Ou alors en secret. Une seule chose est sûre : depuis les régionales de 1992, beaucoup de gens se sont coalisés, à droite et à gauche, pour me barrer la route de la mairie. En attendant mieux. Telle est la véritable signification de l'attitude de Peyrelevade à son arrivée en 1993.

Mais en 1992, après avoir organisé mon désengagement économique avec son prédécesseur, je suis tout à mon travail ministériel. Lors de ma première communication au Conseil des ministres sur les problèmes de la ville, j'ai un trac incroyable. Une émotion vraie, authentique. Habituellement, les communications des différents ministres se font d'une manière simple et sans suspense. En effet, l'usage veut que le ministre lise à haute voix les quelques pages écrites la veille par les membres de son cabinet, pendant que le chef de l'État signe son courrier. Les ministres, eux, pendant ce temps-là, prennent connaissance de la quotidienne et sacro-sainte revue de presse les concernant, puis s'échangent des enveloppes contenant les petites faveurs, les petites promotions, les petits avantages et les grands passe-droits que chacun essaie d'obtenir de son voisin au profit de ses copains. Moi, le mal élevé, j'ai tellement à cœur d'exposer mes orientations sur la politique de la ville que j'ai travaillé ma première communication jusque très tard dans la nuit, afin d'en connaître les moindres détails. C'est donc sans papier et avec toute ma force de conviction que j'exposai mon plan au président de la République et au gouvernement. Surpris, probablement, par le ton autant que par l'absence de document, le Président m'a écouté, suffisamment intéressé pour cesser de signer et visser le capuchon de son stylo, le signal fatidique qui interrompt le petit jeu des enveloppes. Pendant quarante-cinq minutes, François Mitterrand est demeuré attentif au contenu de ma communication. Bernard Kouchner, dont je suis très heureux d'être resté l'ami et qui ne manque pas d'impertinence ni d'à-propos, m'a fait passer un petit mot – dès que le Conseil des ministres a repris son train-train hebdomadaire : « C'était très bien... Il te restait quelques amis dans ce gouvernement. A part un ou deux, tu viens de les perdre. » Il exagérait à peine.

Quelle déception de voir la manière dont se déroulent ces Conseils des ministres...

Depuis ce jour-là, François Mitterrand me retient fréquemment pour bavarder à l'issue du Conseil et me demande comment je « sens » l'opinion, les jeunes en particulier. Si le mot n'était pas excessif – quand on se rappelle la pudeur et la retenue du Président – je dirais qu'il me manifeste de l'amitié et que ma nomination aux fonctions les plus nobles de l'État est comme une conséquence de son évaluation sur mes capacités à lui suggérer des solutions aux problèmes posés par les couches sociales les plus défavorisées.

Double tranchant

Pour autant, mes adversaires politiques n'ont pas désarmé. Au début de leur offensive – nous sommes alors à l'été 1992 – M. Peyrelevade n'a pas encore été choisi comme arme de destruction, même s'il en a déjà la vocation. L'arme, c'est Georges Tranchant. Vous ne connaissez pas M. Tranchant ? C'est excusable, personne dans le grand public ne le connaît. Pourtant, Tranchant a deux visages. Un visage politique, de faible notoriété en effet : conseiller général des Hauts-de-Seine, proche de Charles Pasqua, il a représenté ce département à l'Assemblée nationale où seuls l'avaient remarqué les dirigeants du CNPF dont il portait les amendements en faveur des grandes fortunes. C'est un métier. Mais ce n'est pas sa véritable profession, car M. Tranchant a un autre visage, économique et financier celui-là : c'est un des plus gros propriétaires de casinos en France et l'importateur quasi exclusif de machines à sous mystérieusement fabriquées en Europe de l'Est. Dans ce milieu-là, il est beaucoup plus connu que parmi ses électeurs.

J'ai eu le malheur de me trouver associé avec lui dans une affaire, parfaitement régulière celle-là, d'importation d'électroménager Toshiba. Après avoir beaucoup renfloué la société déficitaire et réglé l'intégralité de ses dettes, pour plusieurs millions de francs, j'ai eu l'occasion de revendre aux Japonais cette entreprise qui ne faisait que me coûter de l'argent. Le monopole de l'importation de leurs appareils avait un prix pour les dirigeants de Toshiba ; j'ai donc réalisé en traitant avec eux une plus-value couvrant les pertes antérieures. Et voilà que, plusieurs années plus tard, mon ex-associé me réclame sa part de cette plus-value, me reproche de lui avoir dissimulé la transaction, et dépose plainte pour escroquerie. Il s'est trouvé un procureur et un juge d'instruction pour me mettre en examen sur la base de cette plainte étrange. Tranchant a d'ailleurs pour conseils deux excellents avocats, dont les relations sont aussi efficaces que le talent et qui se trouvent être, coïncidence révélatrice, les deux avocats choisis deux ans plus tard par M. Peyrelevade pour le compte du Crédit Lyonnais.

Étrange et pas très spontané. Connaissant Tranchant, je n'ai pas eu de peine à imaginer ses réticences à l'idée de saisir la justice. Quand on est dans sa situation, on ne lève pas la main pour s'attirer des ennuis ; à l'égard de la magistrature, il avait tout intérêt à se montrer discret. La suite l'a prouvé : M. Tranchant a été mis en détention provisoire après avoir été soupçonné de corruption active dans l'achat d'un casino. Tel est l'homme censé incarner la « morale des affaires » et qu'on utilise contre moi en 1992, deux mois après ma nomination.

A cette époque, je n'hésite pas, malgré l'opinion de François Mitterrand qui est contre, mais avec l'accord de Pierre Bérégovoy qui se sent soulagé d'une pression médiatique invraisemblable, je décide de démissionner car j'estime incompatibles ma situation de mis en examen et ma responsabilité ministérielle.

La lettre, car toutes les démissions, même celle d'un ministre, se font par lettre – j'ai eu un mal fou à la rédiger. Je l'ai réécrite une quinzaine de fois. Impossible de la signer. J'avais été tellement fier, tellement heureux. Devoir interrompre cette mission à cause de cette affaire détestable, à cause de ce sinistre personnage, cela me rendit fou. Pendant quarante-huit heures, une déprime incroyable m'a littéralement anéanti. Depuis des jours et des jours, on décrivait ma chute inévitable. Je me suis senti tel le gibier traqué. Je pensais que ma démission allait leur offrir ce qu'ils attendaient de moi : mon abandon, ma capitulation. Mais c'était mal les connaître. Cela ne devait pas leur suffire. Le lendemain matin, en effet, je découvre la « Une » du *Journal du dimanche*. Ma photo fait toute la page et le titre : « La mort de Tapie », ne laisse aucun doute sur le fait qu'ils ne vont pas en rester là. Alors, sans que je puisse expliquer pourquoi, je remonte chez moi, totalement épuisé, sans envie de réagir. Je vais jusqu'à la table de nuit de ma chambre, décidé à en finir. Dieu merci, ma femme, très attentive, avait enlevé l'arme qui pouvait mettre fin à toute ma détresse. Deux minutes à peine s'étaient écoulées que déjà cette morbide et inexplicable envie avait disparu. Et je trouvai dans les bras de Dominique le réconfort et l'apaisement qui à quelques reprises m'ont évité d'en venir à l'irréparable.

Quelques mois plus tard, après avoir payé à Tranchant ce qui ne lui était pas dû et bénéficié d'un non-lieu, je réintègre le gouvernement.

Cependant, le mal est fait. La confiance du Président et du Premier ministre reste intacte. Mais dans l'opinion, la droite la plus réactionnaire, celle du conservatisme social et de l'ordre moral, a commencé, grâce à Tranchant, à accréditer sa propre idée : je serais un homme louche qui ne mériterait pas d'exercer des responsabilités politiques. D'autres, à gauche, ne tarderont pas à enfourcher le mauvais cheval de bataille qu'on leur propose. Je suis prêt à me battre mais j'ai compris, lors de cet épisode, que mes adversaires ne reculeront devant rien.

VI
CHASSE À L'HOMME

Ce printemps de 1997 est éclatant de soleil, de renouveau, de joie de vivre. La Provence, qui est belle même en hiver, resplendit tout au long de ces journées magnifiques. On est passé à l'heure d'été. Les soirées interminables, c'est bien quand on est en liberté ; de l'intérieur d'une cellule, c'est le désespoir : pas même le réconfort de la nuit qui permet de fermer les yeux, de s'évader un peu. Je repense à un poème appris il y a longtemps : « Le ciel est par-dessus le toit, si bleu, si calme... » Je ne vois pas de ciel, mais je devine le jour et je le vis comme une torture. Je ne sais pas quand cette épreuve finira, mais je suis sûr qu'au jour de ma libération je regarderai le soleil, et les arbres, et la vie, comme je ne les avais jamais vus avant. Pour l'heure, je suis enfermé et ce printemps somptueux est un supplice de plus. En fait, je devrais être dehors puisque les juges d'application des peines de Marseille avaient accordé aux soixante-douze détenus bénéficiant du même statut de semi-liberté une permission de sortie pour ce long week-end du 1er mai. Au dernier moment, le parquet, obéissant toujours aux mêmes ordres, a fait appel de cette décision, seulement pour mon cas. L'appel étant suspensif, le tribunal examinera celui-ci... le 5 mai ! Pour tout le monde, le 1er mai est synonyme de liberté. Mais je ne fais plus partie du monde.

Je repense à un autre 1er mai, bien plus tragique, imprévisible dans sa brutalité. Il y a quatre ans déjà. Quatre ans que Pierre Bérégovoy a choisi de dénouer de façon irrémédiable l'inextricable solitude où la calomnie l'avait enfermé. On avait mis en doute son honnêteté, et il était tellement honnête que cette blessure-là ne pouvait pas se refermer. Après avoir été au pouvoir pendant une douzaine d'années, il avait emprunté un million de francs pour acheter un appartement et on le questionnait avec la dernière indécence sur les conditions exactes de cet emprunt que chacun aurait pourtant dû regarder comme la preuve même de son intégrité scrupuleuse. Quel autre homme de pouvoir, de ce niveau, dans ce pays, peut avoir besoin d'emprunter un million de francs pour devenir propriétaire d'un appartement ? Aucun, je le crains. Lors d'un des derniers Conseils de son gouvernement, Pierre Bérégovoy, que je sentais de plus en plus isolé et malheureux, de plus en plus livré au vertige de sa conscience incrédule, m'avait écrit un petit mot : « Bernard, j'aime ce que je lis dans ton regard. Mais ils ne me lâcheront pas... » Comment n'ai-je pas mesuré sa détresse ? Comment n'avons-nous pas entendu ce cri silencieux ?

Par un 1er mai de liberté, de joie de vivre, de printemps, déjà plein d'insouciance et de muguet, Pierre marchait jusqu'au bout du désespoir vers une tragédie aussi humble et forte que sa vie elle-même. Cher Pierre, tu nous manques tellement.

L'homme quand même

Oui, les plus belles journées peuvent accoucher de véritables tragédies. C'est un magnifique dimanche après-midi, chaud à mourir, il fait 40 degrés dans les cellules, on y vit complètement nu, s'aspergeant d'eau toutes les dix minutes. Presque tous les détenus ont profité de leur droit de promenade. Promenade, c'est un bien grand mot puisque les cours, grillagées et bétonnées, sont des rectangles d'environ vingt-cinq mètres sur vingt. Ils sont cent cinquante détenus à marcher de long en large. Toujours tenu à l'isolement, je n'ai même pas le droit à cette cour-là. Je marche une heure, sauf le week-end, dans une cour isolée sur le toit du bâtiment qui fait quatre mètres sur huit et dont je peux toucher le toit avec barreaux et grillages en me mettant simplement sur la pointe des pieds.

Privé de « sorties » et de visites le dimanche, j'observe depuis ma cellule les allées et venues des prisonniers. Tout semble étrangement habituel, banal. Soudain, le calme est déchiré par les cris et je vois que tous les détenus regardent dans la même direction, une direction que certains indiquent de la main. A l'aide de draps torsadés accrochés aux pieds d'une chaise servant de grappin, s'aidant avec ses pieds des joints du mur, un prisonnier est en train d'essayer d'escalader le mur. Cette tentative d'évasion, en direct, me coupe le souffle. Les mouvements de l'homme sont fébriles, désordonnés, saccadés et rapides ; il progresse. Toute la cour de promenade l'encourage. Une énorme sirène retentit, qui couvre les encouragements. Un haut-parleur hurle : « Arrêtez-vous ! Arrêtez-vous ! » Je fixe le mirador d'où sortent ces sommations. Le prisonnier poursuit son escalade. La fenêtre du mirador s'ouvre alors et, stupeur, j'aperçois là, à quarante mètres à peine, un surveillant, fusil à l'épaule. Je n'ai pas le temps de comprendre ce qui se passe que déjà un coup de feu claque ; le canon du fusil est pointé vers le ciel. Les détenus hurlent : « Enculés, salauds, assassins ! » Je suis comme envoûté par ce mirador. Le canon du fusil est désormais pointé sur le prisonnier. Je n'en crois pas mes yeux ! C'est pas possible ! Il ne va pas tirer ! Là, devant moi, le détenu continue comme si de rien n'était. Une seconde déflagration déchire alors le silence surchauffé, suivie instantanément d'un bruit d'impact contre le mur en béton, à deux mètres environ à côté de l'entêté qui poursuit son escalade. A cet instant, plus personne ne hurle. La prison retient son souffle. L'homme continue à monter le long du mur. Le dénouement est inévitable. On devine à l'application que semble mettre le tireur que le dernier coup sera fatal. Ce troisième coup de feu claque. Terrible. Un bruit de mort dans un silence total. Le détenu s'écroule et tombe inanimé sur le sol. Du sang coule de son visage. Aussitôt monte de la cour une immense clameur de haine. Je crie avec eux. De ma fenêtre, je peux voir les visages tordus de tous les prisonniers qui hurlent des insultes en direction du mirador. Je viens d'assister à un meurtre, un vrai, comme on les voit seulement dans les films. Un grondement de colère impuissante. Plusieurs surveillants se sont précipités vers le corps de l'homme. Deux d'entre eux le relèvent. Miracle ! Incroyable ! L'homme marche ! Il est visiblement sonné par sa chute, mais il marche. Du revers de la main, il essuie le sang qui coule sur sa joue et sur sa tempe. Il a simplement été blessé par les éclats de béton que la balle a arrachés au mur. Une balle tirée à côté de sa tête. Volontairement, juste à côté de sa tête. On m'apprendra en effet, le soir même, que le surveillant était le meilleur tireur de l'administration pénitentiaire. Le silence est retombé sur la cour. Les surveillants emmènent rapidement le prisonnier vers son inévitable cachot. En passant sous le mirador, il a seulement le temps de lever le poing, pouce dressé, en direction de l'homme au fusil pour lui signifier : bravo ! Joli coup ! Merci. Lui avait compris.

A revoir ce pouce levé, je me surprends à penser qu'il ne faut jamais désespérer de l'humanité. Qu'on vive dans une société bien policée, dans un milieu favorisé, dans une bande livrée à elle-même ou encore dans une prison, on trouvera toujours, au-delà des codes, des apparences, des masques et des faux-semblants, des hommes qui se ressemblent bien plus qu'ils ne le croient, des hommes faits d'une même pâte, des individus qui conservent en dépit de tout, quelquefois au plus profond d'eux-mêmes, une lumière incomparable, une force rayonnante, quelque chose d'un peu mystérieux, comme un phare dans la nuit la plus noire, la lumière du cœur.

C'est cette petite lumière qui m'a donné l'envie véritable de faire de la politique. Contre toutes mes réticences, contre toutes les habitudes de mon individualisme farouche, contre toutes les prévisions de mes proches qui me savaient réfractaire à l'embrigadement, c'est cette lumière qui m'a poussé à m'engager plus encore en politique, à abandonner une partie de ma liberté au profit d'une organisation collective, à faire la dernière chose, en somme, que j'aurais pu envisager de faire : entrer dans un parti.

Radical

En février 1993, j'ai adhéré au Mouvement des radicaux de gauche, la vieille maison radicale qui vivote à l'ombre du parti socialiste. A défaut d'une organisation puissante et d'une foule de militants, j'y ai trouvé une philosophie politique – celle de la gauche de l'individu – qui me convient bien, une grande tradition de défense des libertés, quelques amitiés solides, quelques puissantes inimitiés aussi. En effet, les anciens dirigeants de mon nouveau parti s'accommodaient assez bien de leur dépendance vis-à-vis du parti socialiste qui étouffait peu à peu l'existence de leur formation tout en garantissant leur réélection ; bref, je ne pouvais que déranger leur système de survie sans projets. Plusieurs années auparavant, j'avais déjà eu l'intuition que le radicalisme pouvait être modernisé et utilement replacé dans son époque. J'avais rencontré, en 1989, les dirigeants du MRG et leur avais expliqué, crime de lèse-politique, que leur cas n'était pas sensiblement différent de celui de Wonder : bonne enseigne, bonne tradition, mais une boutique située dans une rue où ne passait plus personne. Je leur avais proposé d'intervenir exactement de la même manière : si j'assurais moi-même la promotion de leur parti, on pourrait sans doute convaincre de nouveaux adhérents. Et j'avais proposé d'être le premier d'entre eux. Sans doute choqués par la brutalité de la comparaison et de mes propos, les radicaux avaient tergiversé, reculé, renoncé : si nouvelle dans le petit jeu de leurs habitudes politiques, mon adhésion n'était pas une urgence. Le MRG se donnait pour le plus vieux parti de France, sa rénovation pouvait attendre encore un peu.

Devenu président du parti en 1992, Jean-François Hory n'a pas tardé à mesurer qu'il était confronté à une véritable urgence. Son parti n'existait plus que comme une petite succursale d'un parti socialiste qui n'avait même pas l'intelligence de le laisser vivre. Hory m'a alors contacté et, contre toute attente, nos discussions se sont bien passées. Lui, l'intello froid et renfermé, passionné d'organisation, et moi, le médiatique extraverti, à l'aise au milieu de la foule et dans l'action, avons sympathisé. Accord de raison ? Non, plus que cela. Certes, j'ai besoin d'une légitimité politique, il a besoin d'un haut-parleur. Mais je découvre chez lui un personnage dont les analyses politiques et la réelle épaisseur dissimulent mal au fond une très grande sensibilité et une culture rare dans ce milieu. Un homme de grande valeur. Mais chacun est déjà décidé à ne pas se cantonner dans le rôle que l'autre lui a assigné. En ce début de 1993, il n'y a pas de problème. Consulté, François Mitterrand m'a encouragé : le MRG ? C'est une bonne idée, excellente même.

Aux législatives de mars 1993, j'ai été réélu dans les Bouches-du-Rhône malgré des pronostics très défavorables. On a pu dire que je devais mon élection au maintien du Front national au deuxième tour. C'est oublier que partout où elle le pouvait, et donc pas seulement à Gardanne, l'extrême droite s'est maintenue. C'est méconnaître les études qui montrent que, chaque fois que je suis en lice pour une élection, les électeurs du Front national venus de la gauche populaire m'accordent leurs suffrages ; si le candidat FN s'était retiré, j'aurais récupéré plus de la moitié de ses voix et j'aurais été élu plus facilement. C'est ignorer, enfin, que par mes prises de position je suis la bête noire du Front national, ce dont je suis très fier, et que ce parti fait tout (je dis tout, y compris des alliances avec la droite classique) pour me faire battre. En 1993, je n'ai bénéficié d'aucune aide de Le Pen et de ses sbires ; j'ai, au contraire et comme toujours, rencontré leur hostilité la plus farouche.

Mais Gardanne n'est pas la France : ces élections ont marqué une épouvantable déroute pour la gauche. Beaucoup de ses dirigeants ont été battus, qu'ils soient socialistes ou radicaux. Mon résultat ne m'a pas valu plus d'estime mais au contraire de violentes rancunes du côté des battus. Curieusement, la performance d'ensemble de la gauche a plutôt libéré le terrain pour l'entreprise de rénovation radicale. Toujours prompts à se déchirer, les socialistes se sont offert une nouvelle crise interne, et l'arrivée de Michel Rocard à la tête du PS a rejeté les meilleurs, les Fabius, Lang, Emmanuelli et autres mitterrandistes, dans l'opposition interne. La disparition tragique de Pierre Bérégovoy a aggravé le traumatisme de la gauche sans culpabiliser la presse qui s'était attachée à sa perte. M. Balladur et son gouvernement sont venus donner des chances à une entreprise de gauche populaire. Quant au MRG, réduit à cinq députés, il a pris conscience qu'il n'avait vraiment plus rien à perdre. Il s'est même aperçu lors des premières manifestations publiques organisées avec ma participation qu'il avait tout à gagner : nouvelle audience dans la presse, nouvelles adhésions, nouvel intérêt pour le radicalisme, la rénovation a semblé pouvoir réussir.

De mon côté, je suis habitué aux aléas de la vie, aux caprices du succès, aux allers et retours de la faveur médiatique. A l'intuition, je sens que tout va un peu trop bien : législative gagnée, radicalisme requinqué, Coupe d'Europe remportée, désengagement économique en passe de réussir... C'est l'œil du cyclone, ce calme étonnant qui précède le déchaînement du vent.

La poignée de main de Rocard

C'est alors que débute l'affaire OM/VA, laquelle va rapidement retentir sur mes activités politiques, comme le souhaitent mes adversaires. Le 8 juillet 1993, radicaux et socialistes ont rendez-vous pour une de ces rencontres qu'organisent les états-majors de partis alliés afin de faire le point de leurs alliances et de leurs perspectives. Saisissant le prétexte des rumeurs autour du match de Valenciennes et croyant pouvoir afficher à bon compte son exigence morale, Michel Rocard décommande la réunion à la dernière minute. Il ne le sait pas encore, mais il vient de sceller son destin. La presse, venue au siège du MRG pour filmer les habituelles poignées de mains, se régale de cette rupture en direct que ni Jean-François Hory ni moi ne cherchons à relativiser ou à dédramatiser. Michel Rocard a voulu la rupture ? Il l'aura.

Mal conseillé, Michel Rocard a commis une faute politique énorme. Quels qu'aient pu être, à ce moment-là, les développements de l'affaire OM/VA, nul ne lui aurait tenu rigueur d'une rencontre avec moi, d'une solidarité dont il aurait pu s'affranchir ultérieurement, en cas de besoin. Au contraire, les Français, et même les électeurs de gauche qui le voient se défiler en raison d'accusations portées contre moi, jugent son attitude peu courageuse. Dans l'opinion s'installe alors le sentiment d'une opposition entre la gauche faussement moralisatrice, intellectuelle et parisienne, qu'il incarne, et la gauche populaire et chaleureuse, vivante et gouailleuse, que je tente de faire assumer par les radicaux. Cette opposition va culminer lors des européennes au détriment de Michel Rocard, qui perdra là ses légitimes espoirs présidentiels.

Cependant, le feuilleton OM/VA continue et s'amplifie pendant tout l'été 1993. S'y ajoutent d'autres querelles judiciaires : on parle d'abus de biens sociaux pour Testut et le parquet de Béthune remplace le juge d'instruction qui ne paraissait pas assez déterminé à m'abattre ; je découvre que, quelques jours avant la fin du gouvernement Bérégovoy dont j'étais membre, le secrétaire d'État au Budget,

M. Malvy, a saisi la commission des infractions fiscales de fautes que j'aurais commises dans la gestion du *Phocéa* ; on dit aussi que les juges auraient découvert des irrégularités dans les comptes de l'OM alors que je ne bénéficiais plus des « protections » de Michel Charasse... On écrit encore – sur la suggestion du Crédit Lyonnais ? – que l'ensemble de mes affaires est au bord de la faillite et que ma survie est proprement miraculeuse. La convergence des rumeurs et des procédures judiciaires est tellement forte et tellement peu fortuite qu'il est urgent de réagir.

Tour de France

Je choisis de réagir dans le champ politique. Puisque ma tête est mise à prix, je décide de faire un tour de la France pour m'entretenir directement avec les gens et pour démontrer qu'on peut faire de la politique autrement, même sans les médias. De novembre 1993 à mars 1994, c'est le Tour de France des radicaux : une cinquantaine d'étapes, des foules énormes, des salles combles jusque dans les sous-préfectures les plus reculées, une immense chaleur populaire et, dans les cités lyonnaises comme chez les agriculteurs normands, un dialogue politique de qualité avec des citoyens responsables et lucides. Comme toujours, le contact des gens me requinque malgré les attaques dont je continue d'être la cible. En décembre, l'Assemblée nationale décide, dans une atmosphère de haine indescriptible, de lever mon immunité parlementaire à propos d'éventuels abus de biens sociaux chez Testut. Elle le fait le 7 décembre ; le 20 décembre, après la session, les juges auraient pu m'entendre et prendre les mesures qu'ils souhaitaient sans avoir besoin de la levée de mon immunité. Mais la majorité de droite veut s'associer à la justice, à la réprobation, à la répression. Nul dans l'hémicycle n'écoutera mes explications. Les députés sont venus au spectacle, à la curée ; ils ne sont pas venus pour délibérer d'une question aussi grave que celle de la réalité d'une immunité parlementaire en ces temps de justice médiatisée.

Et pourtant, je les ai mis en garde contre le mal de cette fin de siècle : si la justice est rendue dans la rue, si l'on est préjugé par la rumeur publique, si les droits d'un justiciable dépendent de ses appuis ou de ses engagements partisans, que deviendra demain notre démocratie ? J'ai eu l'impression d'argumenter sérieusement sur les faits qui m'étaient reprochés, comme sur les questions de principe que cette procédure soulevait. Assez, ces arguments ! Qu'on en finisse ! Tapie à la trappe ! L'Assemblée a voté la levée de mon immunité sans se rendre compte qu'elle donnait ainsi des gages au populisme tellement dénoncé : sauf à donner l'impression de protéger leurs privilèges et leurs abus de façon corporatiste, les élus ne pourront plus jamais invoquer les garanties destinées à assurer leur indépendance. Dans ce cas, il ne s'agissait pas de leur indépendance mais de ma mise à mort. Deux sujets différents, croyaient-ils.

En ce début d'année 1994, mon Tour de France est souvent perturbé par mes rendez-vous judiciaires. Chacune de mes nouvelles auditions, à Valenciennes, à Béthune, à Marseille, à Paris, est annoncée avec le souci méticuleux de la faire connaître à tous et de la faire peser sur mes activités politiques. Certains radicaux sont troublés par ce déferlement d'affaires. Par voie de presse, un ancien président du parti me conseille de prendre mes distances avec la politique; il pense même pouvoir interdire qu'on me reçoive dans les fédérations radicales d'une ville où il règne sans partage. Malgré ces difficultés, le succès populaire de nos réunions ne se dément pas mais, au contraire, grandit. Et quand on en vient, après la politique, à évoquer – puisqu'on m'y contraint – mes « affaires », la réaction du public est unanime : personne n'est dupe des motifs de ces acharnements, il s'agit d'une chasse à l'homme orchestrée pour des raisons électorales.

Un cadeau de cinq cents millions

Évidemment, le résultat des cantonales de mars 1994 à Marseille n'arrange rien. Je suis élu dans un canton tenu de toute éternité par les communistes. Les autres candidats qui se réclament du radicalisme nouveau font un « tabac ». Je dois même calmer les radicaux locaux qui veulent en découdre avec tout le monde, à gauche comme à droite. Les sondages leur donnent raison, qui annoncent une large victoire de nos listes aux prochaines municipales, en juin 1995. Si nous arrivons jusque-là...

C'est à ce moment-là, dans la période la plus forte de la campagne cantonale, que la presse lance la première véritable bataille de la guerre qui va m'opposer au Crédit Lyonnais. *Libération* donne le ton : « Le Crédit Lyonnais fait un cadeau de cinq cents millions à Bernard Tapie. » On se rappelle l'accord, qui était simple et clair pour tout observateur de bonne foi : en échange de mon renoncement aux plus-values à venir sur Adidas, le Lyonnais me faisait remise de mon passif bancaire. Présentée comme un « cadeau », cette partie d'accord produit dans l'opinion un effet énorme. Tous les Français connaissent les difficultés du Crédit Lyonnais, engagé pendant une décennie dans des opérations plutôt aventureuses, spécialement dans l'immobilier. Personne ne voit que c'est la banque qui est vraiment gagnante dans l'accord intervenu. Dans les agences du Lyonnais, des centaines de petits déposants narquois posent la même question : « Vous ne pourriez pas me passer cinq cents millions ? » Le bruit court à l'intérieur même de la banque que Peyrelevade aurait organisé cette campagne de presse pour se donner bonne conscience après la rupture unilatérale du contrat qu'il avait lui-même signé avec moi. Contre sa signature, contre l'engagement de ses cadres supérieurs, contre l'intérêt de sa banque, il veut m'utiliser cyniquement, mon exécution servira à faire croire à sa volonté de redresser sa banque et son image. Je deviens l'adversaire qu'il a choisi. Il ne l'a pas choisi seul et ne pouvait d'ailleurs pas le faire, puisque le seul actionnaire du Crédit Lyonnais est l'État, et qu'à ce titre, au printemps 1994, le « futur président de la République », M. Balladur, et son « futur Premier Ministre », M. Sarkozy, ne peuvent pas ignorer cette stratégie.

Quoi qu'il en soit des ordres et des conseils qu'il reçoit de ses « patrons de droite » ou de ses « amis de gauche » dont les intérêts sont communs, Peyrelevade assume le combat sans rechigner : nos accords sont rompus. Le contrat qu'il a lui-même signé ainsi que le mémorandum signé par son prédécesseur sont caducs. Il utilise la clause juridique manigancée par les deux anciens avocats de Tranchant qui se vantent, par ailleurs, aussi bien de leur influence sur le Gotha politique du club Vauban que de leurs bons rapports avec la section financière du parquet de Paris. La fameuse nouvelle expertise de mes biens, prévue par le contrat, n'a pas été réalisée. Donc, il n'y a plus de contrat et le Crédit Lyonnais estime pouvoir me faire désormais rendre gorge. Il n'est plus question de « cadeau » ni même de cinq cents millions. Et, d'après les articles de complaisance que la banque fait écrire, je lui dois d'ailleurs – rappelez-vous – plus de deux milliards de francs. Même aux yeux de mes partisans les plus farouches, c'est – j'en conviens – une sacrée somme. Et ce devrait être, en tout cas, un sérieux motif de doute.

Une campagne magnifique

Ça ne l'est qu'en partie. Nous sommes en pleine campagne pour les élections européennes. La liste que je conduis est créditée par les sondages de 4, puis 5, puis 6, puis 7 pour cent des intentions de vote. Chaque jour, une nouvelle indiscrétion judiciaire s'étale dans la presse par une volonté manifestement coordonnée d'enrayer cette progression : perquisition policière au siège de BTF, perquisition chez mon comptable, annonce de redressement fiscal, menaces de saisie, convocation à Valenciennes, à Béthune, nouvelles perquisitions, pronostic de dépôt de bilan pour l'OM, etc. Il ne se passe pas de jour sans qu'une nouvelle catastrophe soit annoncée. Pourtant, chaque soir, lors de nos réunions de campagne électorale, l'accueil des citoyens est le même, intéressé et chaleureux. De plus en plus intéressé, de plus en plus chaleureux. Sur le fond, les électeurs s'intéressent à nos idées sur l'Europe fédérale, sur le mal des banlieues, sur la lutte contre le racisme, sur le projet d'un grand parti de gauche indépendant et populaire, laïque et républicain. Sur les affaires, mes supporters – puisqu'il faut bien les appeler ainsi – se demandent comment on peut leur annoncer chaque matin, d'une part que j'ai volé ma banque, mes associés et le fisc, d'autre part que je suis totalement ruiné. Ils sont de moins en moins dupes et nous font quotidiennement une véritable fête qui culmine en d'immenses réunions à Paris puis à Marseille.

De mon côté, je prends conscience à cette époque seulement que cette guerre, où le Crédit Lyonnais ne représente que la partie visible de l'ennemi, n'est pas une bataille classique comme en connaît le milieu des entreprises, ni même un simple affrontement politique. Il s'agit d'une guerre à mort. Je le devine à l'acharnement de mes adversaires qui dépasse toute raison, tout comportement logique. J'en suis abattu. A Dunkerque, à Bastia, à Toulouse où nous sommes finalement parvenus à aller, à

Nancy, à Colmar, je suis près de sombrer. Je devine que la chaleur de l'accueil populaire me promet de nouveaux déboires, car c'est elle précisément qui effraie les puissants. Chaque succès politique apportera des violences nouvelles et j'ai envie d'abandonner cet affrontement terrible. Une infinie lassitude m'envahit. A quoi bon ? Au moment d'entrer dans une salle immense et qu'on m'a annoncée comble, je sens que cette popularité attire la foudre sur ma tête aussi sûrement que le paratonnerre. Quand un électeur enthousiaste me lance : « Continue, ils ne t'auront pas !... » j'en suis moins certain que lui. Et si je m'arrêtais ? Est-ce que j'aurais la paix si je m'arrêtais ? J'ai besoin de calme, d'un bonheur familial tranquille, d'une existence apaisée. Je suis exténué, j'ai envie d'abandonner, de ne plus me réveiller chaque matin dans l'attente inquiète d'un nouveau mauvais coup. Je veux me reposer. A mes amis stupéfaits, avant ou après un meeting où la foule attend tout de moi, je dis à plusieurs reprises : « Il faut que je m'arrête un moment. Arrêtons-nous là... » Ils ne comprennent pas ma demande mais ils respectent mon besoin de silence et de solitude. Assis dans ma voiture, j'ai l'impression d'être au bord d'un trou noir qui me tente, qui m'aspire. Des instants de vertige intense. Ce serait si facile de se laisser aller. S'arrêter. La paix, enfin.

Et puis je repense aux mots de François Mitterrand : ne jamais donner raison à ses adversaires. Seuls ces mots et l'amitié de quelques radicaux fidèles me permettent de refaire surface ; pour l'heure, il faut battre la campagne. Sur une bretelle d'autoroute urbaine, entre Lille et

Tourcoing, je m'arrête un jour à un stand de saucisses-frites pour avaler en quatrième vitesse un sandwich avant une réunion publique. Le tenancier du stand n'en croit pas ses yeux : c'est donc bien vrai, je suis ruiné puisque je suis obligé de manger des saucisses au bord de l'autoroute. Je le rassure d'un sourire ; je vais tenir encore un peu. Mais c'est dur.

Après cette campagne terriblement violente et incroyablement passionnante, le résultat résonne comme un coup de tonnerre dans le ciel de la politique française. Ma liste, créditée par la Sofres dans les sondages confidentiels de la veille aux alentours de 5 pour cent, finit avec 12,5 pour cent des voix, plus de 2,5 millions de suffrages et treize députés élus. Elle donne la majorité aux pro-européens contre tous les démagogues. Pour la deuxième fois, après les régionales de 1992, je fais reculer Le Pen qui plafonne à 10 pour cent. Promesse tenue. Mais surtout, Michel Rocard associé pourtant à Jack Lang, à Bernard Kouchner et à tout ce qui se fait de mieux au sein du PS de l'époque, ne rassemble que 13,5 pour cent des électeurs, ce qui constitue, pour le parti socialiste et pour lui, une défaite historique. Personne ne voudra voir pourtant que Rocard, Chevènement et Tapie représentaient 32 pour cent sans les écolos, sans les communistes et sans les partis d'extrême gauche.

Nous allons avoir beaucoup de travail : les présidentielles se déroulent dans moins d'un an. Les radicaux sont heureux et fiers : hélas on ne nous laissera pas le temps de faire la fête.

Arrêté et menotté

Pour l'heure, je n'ai pas le temps de me reposer. Ni au sens figuré, ni au sens propre. Le 29 juin 1994, deux semaines après l'élection européenne, des policiers font irruption chez moi à 6 heures du matin. Ils viennent m'arrêter. Je suis complètement ahuri et leur dis ma façon de penser, de manière un peu brutale, j'en conviens aujourd'hui. Bref, je les envoie au diable. Forts du mandat qu'ils ont reçu, les policiers – ceux-là mêmes qui, dans d'autres affaires, refusent d'assister les magistrats malgré la loi – me passent les menottes et me contraignent à monter dans un fourgon à destination du Palais de justice, non sans un détour par leur commissariat pour verbaliser mes « outrages à agents de la force publique »...

Qu'on s'arrête un instant. Je suis innocent. Même pour ceux qui ne le pensent pas, je ne suis, au jour de cette arrestation, condamné à rien. Je suis donc présumé innocent, telle est la loi. Je suis, en outre, député national, député européen et ancien ministre, même si je ne demande pas d'autre protection que celle due à n'importe quel citoyen. Et cependant, à l'heure du laitier, une escouade de policiers force l'entrée de mon domicile, m'arrête et m'entrave comme un dangereux malfaiteur, comme un criminel en fuite enfin localisé. Croit-on que la presse française, si prompte à se présenter comme le rempart des libertés publiques menacées, si sourcilleuse quant à sa propre liberté, y compris celle de commettre des délits, si moralisatrice contre tous les pouvoirs à l'instar de Beaumarchais, si émue – à juste titre d'ailleurs – par les conditions d'exécution d'un Mesrine ou d'un Kelkal, que cette presse-là va tempêter, protester, au moins critiquer ? Pas du tout. La presse opine, rit du bon tour : Tapie le trop malin s'est fait arrêter et embarquer, voilà tout.

Depuis la veille de ce matin mémorable, je m'attends, il est vrai, à une nouvelle offensive judiciaire. Le juge d'instruction chargé d'instruire la plainte pour fraude fiscale déposée par le ministère du Budget avait demandé la levée de mon immunité parlementaire. Il l'a obtenue, ce 28 juin, au terme d'une séance de l'Assemblée nationale encore plus grotesque et haineuse que celle de décembre 1993. Mon score aux européennes avait confirmé l'idée simple de la plupart des responsables politiques, vrais adversaires et pseudo-alliés : homme dangereux, à abattre. Les députés de ce parti socialiste auquel ma liste venait de tailler de belles croupières avaient été, comme souvent, particulièrement courageux : en refusant de prendre part au vote, ils avaient abandonné à la droite ultra-majoritaire le soin de me condamner sans appel et sans surprise. Immunité levée, je savais être à découvert puisque l'immunité européenne, elle, ne prendrait effet que lors de la première réunion du Parlement européen, à la mi-juillet. Je ne m'attendais tout de même pas à être embarqué comme un terroriste ou un meurtrier.

Deux heures après mon arrestation mouvementée, le juge d'instruction me reçoit pour me signifier ma mise en examen pour fraude fiscale dans la gestion du *Phocéa*. A-t-on déjà vu un pouvoir manipuler avec aussi peu de vergogne les moyens de la puissance publique pour arrêter, humilier et, si possible, faire taire un adversaire politique ?

Quelques jours plus tard, par une indiscrétion dont personne ne s'offusque, la presse publie les comptes rendus d'écoutes téléphoniques dans lesquels le juge avait trouvé des raisons de redouter mon prochain départ à l'étranger. Curieusement je n'ai jamais vu publier les autres écoutes, celles qui établissaient que cette « fuite » était en réalité une mission politique humanitaire au Rwanda alors en guerre et que, compte tenu de la situation de ce pays, j'avais l'obligation d'en avertir les autorités politiques, administratives et judiciaires. Mais seules les informations que la presse choisit de livrer sont désormais établies comme la vérité.

Un calendrier qui explique tout

Au fil de mon récit, on peut voir que, depuis mon entrée au gouvernement, rien ne m'a été épargné : Tranchant, Testut, OM/VA, *Phocéa*, Crédit Lyonnais, comptes de l'OM, etc. Tous les moyens administratifs, fiscaux, policiers et judiciaires ont été mobilisés. Chacun peut apprécier la disproportion entre ces moyens et les fautes qui m'étaient reprochées quand bien même elles auraient été avérées. Et chacun peut se demander, comme je me le demande souvent, combien d'hommes politiques réputés intègres et, surtout, convenables, seraient restés debout si on avait mis à leurs trousses autant d'enquêteurs, déclenché contre eux autant de procédures, déchaîné à leur encontre autant de haine. J'affirme qu'aucun n'en serait sorti intact. Même pas ceux qui, depuis peu, nous expliquent leur volonté de moraliser, de moraliser encore, de moraliser toujours.

Toutefois, à l'été 1994, mes ennemis politiques ont acquis une conviction : même multipliées à l'infini, même artificiellement gonflées, même accélérées par le zèle de la justice médiatisée, les différentes procédures pénales enclenchées ne constituent pas l'arme fatale. Il se trouve, en effet, que la justice pénale offre quelques garanties à ceux qu'elle accuse, c'est la faiblesse d'un pays de droit. Il s'ensuit que les instructions sont longues, nécessairement précautionneuses, insuffisamment diligentes pour l'objectif visé. Quel objectif ? Il faut à tout prix m'empêcher de participer aux deux prochaines échéances électorales, les municipales de Marseille et l'élection présidentielle, où l'on croit que je peux également jouer un rôle. Les actions pénales intentées contre moi n'ont pas pour objet de faire punir mes fautes réelles ou prétendues ; elles doivent permettre, en accessoire d'éventuelles condamnations, de faire prononcer mon inéligibilité et de m'éliminer de ces deux élections. L'une et l'autre se dérouleront au printemps 1995 et mes adversaires, de droite comme de gauche, se rendent compte alors qu'ils n'obtiendront contre moi aucune condamnation définitive dans un délai suffisamment court. Il leur faut trouver un autre terrain.

Le bon terrain, c'est celui qu'occupe le Crédit Lyonnais depuis un an déjà, celui du droit commercial. Notre droit comporte, en effet, un archaïsme supprimé dans tous les pays européens : alors que, même pour les plus grands criminels ou violeurs d'enfants, la perte des droits civiques n'est pas automatique et qu'elle doit faire l'objet d'une sanction spécifique, une personne déclarée en faillite devient automatiquement et instantanément inéligible. Voilà la bonne piste ! J'ai expliqué comment, de mon propre choix, l'organisation juridique de mes entreprises m'expose à la faillite personnelle si une seule de mes sociétés venait à être mise en liquidation. Là est mon point faible et c'est là que vont se concentrer les attaques. C'est donc au Crédit Lyonnais qui se présente comme mon créancier que revient le premier rôle.

Évidemment, l'ampleur d'un tel dessein dépasse un peu la personne de M. Peyrelevade. Il y ajoute cependant sa hargne pour des motifs personnels : il est socialiste et pense que je pourrais gêner Jacques Delors dont la gauche espère alors la candidature. Qu'on se rassure, M. Delors, lui, n'est pour rien dans ces manigances, même si son bras droit de l'époque est aujourd'hui numéro 2 du Crédit Lyonnais. Et M. Peyrelevade se verrait bien, surtout, un destin marseillais : moins je serai à Marseille et plus il aura de chances d'y être. Il ajoute à cela des motivations d'ordre « moral » et presque esthétique : je suis le mal, il est le bien. Faute de pouvoir faire payer ses principaux débiteurs, qui sont d'ailleurs devenus à sa demande ses principaux administrateurs, il m'a choisi comme emblème du combat moralisateur qu'il entend mener. Il est le chevalier blanc, redresseur de torts financiers, oublieux de l'image grisâtre et guère flatteuse qu'il a laissée dans ses précédentes responsabilités. Qu'importe si ma ruine éventuelle risque d'aggraver – un peu seulement – le déficit de sa banque, il est décidé à me ruiner. Et il n'y va pas de main morte : à grands frais pour le Crédit Lyonnais, il offre à sa campagne d'assainissement d'énormes pages de publicité où je suis représenté sous l'apparence d'une poubelle portant mon nom. Un homme assimilé à une poubelle... Là non plus, je ne me rappelle pas que les bonnes âmes de la morale aient protesté contre le procédé, mis à part le quotidien *Le Monde* qui, je dois l'avouer, pour une fois m'a surpris en refusant de publier la publicité telle quelle, c'est-à-dire avec mon nom inscrit en gros sur une poubelle.

Peyrelevade multiplie les procédures. Il exige le remboursement immédiat des prêts consentis à mes entreprises, dont aucun n'est à échéance. Il fait pratiquer une saisie parfaitement irrégulière de mes biens personnels, le tribunal de grande instance puis la cour d'appel ont confirmé depuis qu'il n'avait aucun droit sur mes meubles, dont le déménagement avait pourtant été organisé, et suivi en direct par toutes les chaînes de télévision. Il cherche maintenant, avec ses deux sinistres juristes, à m'acculer à la faillite. Son acharnement est tel que je choisis de placer l'ensemble de mon groupe sous la protection du tribunal de commerce de Paris. Puis, en toute irrégularité et en toute illégalité, la banque me coupe les vivres alors qu'elle dispose de la trésorerie, confortable, de mes sociétés, près de cent millions de francs d'excédent de trésorerie sont bloqués à terme sur les comptes de BTF. Je demande à bénéficier d'une procédure de redressement judiciaire, car je compte bien contraindre le Lyonnais à tenir ses engagements.

A l'automne 1994, consternation chez mes adversaires : le tribunal de commerce me donne évidemment raison et mon groupe est admis au bénéfice de la procédure de redressement. Catastrophe pour le Crédit Lyonnais, le parquet fait immédiatement appel de cette décision. M. Méhaignerie, garde des Sceaux, intervient personnellement au cours d'un débat public pour promettre la liquidation de mes biens. C'est alors que l'un des avocats zélés du Crédit Lyonnais découvre qu'une petite société du groupe (BT Gestion), au chiffre d'affaires ridicule d'un million et demi de francs par an, n'a pas été incluse dans la procédure et qu'il suffirait de la mettre en liquidation, étant en nom collectif, pour obtenir l'effet escompté. Nouvelle chance pour les charognards. L'audience du tribunal est fixée au 14 décembre. Il est évidemment improbable, impossible, qu'en quelques jours un groupe réalisant plusieurs milliards de chiffre d'affaires par an, n'ayant jamais connu le moindre incident, et ayant obtenu le bénéfice du redressement judiciaire, puisse être mis en liquidation des biens par le biais d'une minuscule société comme BT Gestion. Le lendemain de la découverte de cet oubli, *Le Parisien*, bien intentionné à son tour, explique que le premier jugement m'a été anormalement favorable, mais qu'à l'occasion de ce nouvel examen le tribunal de commerce devrait pouvoir faire la preuve d'une indépendance qu'on lui a probablement contestée... Bel appel au meurtre !

Dans ces jours-là, le pouvoir politique hésite encore. Certes, on est tenté de m'abattre car on me juge dangereux et imprévisible. Mais on pense simultanément, dans les cabinets ministériels, en particulier à Matignon, que mon électorat de gauche populaire pourrait faire défaut, lors des présidentielles, à Jacques Delors alors favori des sondages. Ma décision est pourtant prise, et connue de mes amis radicaux, créant ma seule et unique divergence avec Jean-François Hory : je ne prendrai pas le risque d'éliminer le candidat de la gauche au deuxième tour des élections présidentielles en me présentant au premier tour. Ignorant cette situation, on est donc tenté, à droite, de me laisser vivre pour gêner la gauche. L'hésitation va être rapidement tranchée et je demande au lecteur d'être attentif au calendrier des événements politiques, calendrier qui explique toutes mes difficultés dans sa transparente brutalité et qui ne doit rien à une maladie largement répandue dans ces milieux : la paranoïa.

Le 11 décembre au soir, après des mois de tergiversations, d'hésitations feintes et de vraies coquetteries, Jacques Delors annonce au micro d'Anne Sinclair son incroyable décision, celle à laquelle je ne peux pas croire : il ne sera finalement pas candidat à l'élection présidentielle. Du côté d'Édouard Balladur, on respire. Accessoirement, on n'a plus besoin de moi.

Le 12 décembre dans la journée, alors que ma solvabilité personnelle doit être examinée le surlendemain par le tribunal de commerce, le ministère du Budget fait savoir, par *Les Échos* interposé, qu'il me réclame deux cent cinquante millions de francs pour diverses pénalités fiscales. Joint par mes soins au téléphone, un membre du cabinet de M. Sarkozy m'explique que, même si ce chiffre n'est peut-être pas le bon, son ministre ne peut continuer à être soupçonné par la presse de me soutenir secrètement. Sûr qu'à ce prix-là nul ne le suspectera plus de vouloir m'aider...

Le 13 décembre, au journal de France 2, je suis interrogé sur mes projets personnels en vue de la présidentielle. Serai-je candidat après le retrait de Jacques Delors ? Sinon, qui soutiendrai-je ? J'explique que j'espère réunir une sorte de conseil de la gauche rassemblant ses plus éminentes personnalités pour désigner le candidat qui peut faire gagner la gauche.

Le 14 décembre, le tribunal de commerce examine les comptes de la plus modeste de mes filiales, BT Gestion. Stupeur : il choisit de la mettre en liquidation et, comme j'en suis personnellement le garant financier, il prononce ma faillite personnelle. Je deviens automatiquement inéligible.

Un mois et demi plus tard, contre les pronostics des juristes les plus qualifiés, la cour d'appel de Paris refuse de surseoir à l'application de cette mesure. Je deviens définitivement inéligible.

La morale, la justice, la vérité, l'honnêteté, dans tout cela ? N'allez pas les y chercher. Elles n'avaient rien à y faire. En quatre jours, ma mise à mort politique a été étudiée, décidée, organisée et exécutée. Un magistrat, devenu depuis procureur d'une zone juridictionnelle importante, alors détaché à la Chancellerie auprès de M. Méhaignerie, était manifestement chargé de sa mise en œuvre. Je ne gênerais les pouvoirs ni à Marseille ni dans la course à l'Élysée.

Comme dans les fables, il y a cependant deux morales sur lesquelles je laisse au lecteur le soin d'épiloguer lui-même. M. le président du tribunal de commerce de Paris n'est plus magistrat. Il a été récompensé par le gouvernement de M. Balladur et nommé président du CDR, la nouvelle société créée pour gérer et vendre les actifs douteux du Crédit Lyonnais... Je n'invente rien. Un avocat centrafricain a cru bon de m'indiquer que chez lui, même sous le régime de Bokassa, on n'aurait pas osé le faire.

L'autre conséquence de mon exécution politique en décembre 1994 est plus importante, et même franchement amusante quand je la considère avec le recul. N'est pas Machiavel qui veut : les conseillers politiques de M. Balladur se sont trompés sur les choix que feraient mes électeurs de gauche les plus jeunes lors de la présidentielle. Toutes les études indiquent qu'ils ont été nombreux à voter, dès le premier tour, pour Jacques Chirac. Assez nombreux au moins pour permettre à celui-ci de devancer Édouard Balladur qui s'est donc éliminé lui-même par mille erreurs, l'une d'entre elles étant d'avoir écouté son entourage à mon sujet.

VII

COMPTES, MÉCOMPTES ET RÈGLEMENTS DE COMPTES

Je vois désormais tous ces jeux politiques de loin, de très loin.

Deux ans après cette élection présidentielle dont il s'agissait de m'écarter, toute la classe politique a été bouleversée et les bénéfices de l'élection semblent s'être volatilisés. A bout de souffle, la majorité n'a pu se ressaisir après le premier tour des législatives que Jacques Chirac lui a imposées de façon inattendue et, peut-être, inconsidérée. Il est trop tard, à droite, pour faire appel à Philippe Séguin comme paraît l'exiger une majorité totalement désemparée. A gauche, Lionel Jospin a consolidé un leadership qui lui était échu lors de l'élection présidentielle par le double hasard du renoncement de Jacques Delors et du désarroi socialiste. Il est le chef incontesté de la nouvelle majorité, et donc le Premier ministre de la nouvelle cohabitation. L'étrange jeu d'ombres du théâtre politique me parvient comme marqué d'une sorte d'irréalité. J'ai peine à croire à tous ces événements.

Une affaire de cœur

Il est vrai que la machine judiciaire m'a ramené à des préoccupations plus concrètes. Même si je ne gêne plus personne dans le champ politique, les procédures destinées à m'en exclure continuent à me broyer comme des machines désormais sans objet. Depuis deux semaines, je suis privé de cette semi-liberté qu'on ne m'avait accordée qu'à regret. Je devais comparaître dans le procès des comptes de l'Olympique de Marseille depuis le 12 mai. J'ai été obligé de réintégrer ma prison. Curieuse, cette règle : je dois suivre, comme prévenu, les débats d'une affaire dans laquelle je suis, là aussi, présumé innocent ; simultanément, je purge une peine qui a été aménagée en semi-liberté. En toute logique, je suis donc privé de la semi-liberté au nom de la présomption d'innocence dont je bénéficie.

J'ai eu de sérieuses alertes de santé pendant le procès. Avec une crise d'angine de poitrine, je devrais me ménager, mais j'ai aussi envie d'en finir vite, sans donner l'impression de fuir mes responsabilités. J'ai donc dû signer une décharge pour me permettre de quitter le centre de soins intensifs de l'hôpital d'Aix où j'ai passé une journée et deux nuits, car les experts y étaient formellement opposés. Mon procès va pouvoir reprendre. Je regagnerai le soir l'hôpital des Baumettes où le parquet m'a affecté. Il semble que mon organisme supporte de plus en plus mal l'inactivité et l'immobilité qui lui sont imposées. Je me demande comment les condamnés à de très longues peines parviennent à gérer cette oisiveté physique forcée.

Même avec ces quelques inquiétudes dues à mes faiblesses cardiaques et aux terribles conditions de détention dans la prison-hôpital, je garde une bonne impression des débats du procès ; j'ai le sentiment d'avoir réussi à me disculper et, s'agissant de l'OM, j'en suis heureux. J'ai tellement aimé ce club qui m'a tellement donné que je voudrais le voir tenu à l'écart de tous les mauvais procès qui me sont faits. C'est vrai qu'il y a beaucoup d'argent dans le sport professionnel, vrai aussi que la vaillance d'un Bernard Hinault, la volonté d'un Greg Lemond, l'enthousiasme d'un Basile Boli valent leur pesant d'or. Rémunérée ou pas, la performance sportive reste un extraordinaire dépassement de soi, une manifestation de pureté, un instant miraculeux. Chaque fois que j'ai rencontré l'argent dans le sport, j'ai eu quand même envie de ne voir derrière lui que l'homme et son exploit. Depuis le début de mes déboires judiciaires, je l'explique en vain à ceux qui ne regardent que les intérêts économiques et les liasses de billets derrière le geste parfait, le record d'exception, la maîtrise physique absolue, tout ce à quoi ils ne veulent rien comprendre.

Sale temps pour un beau bateau

En fait de performance sportive, je vais bientôt m'inscrire pour un Tour de France pénitentiaire. J'ai été de nouveau transféré à la Santé, car je dois entendre la décision de la cour d'appel de Paris dans l'affaire du *Phocéa*.

En réalité, je n'attends rien de bon de ce verdict

mais mon transfert à Paris me permettra, je l'espère, de contourner la stratégie du parquet de Marseille.

Le calendrier des procédures judiciaires a manifestement été mis au point pour que je demeure en prison le plus longtemps possible. Je ne dois absolument pas sortir, alors que, dans l'affaire OM/VA, je pourrais bénéficier bientôt d'une libération conditionnelle. Le parquet marseillais a une doctrine : on ne doit pas bénéficier d'un aménagement de peine lorsqu'on a un procès en cours. A Aix-en-Provence dont dépend la prison de Luynes, le juge d'application des peines a un sens de l'équité plus élevé et ne poursuit aucune croisade contre moi. Il est donc urgent de m'arracher de Luynes pour me soustraire à sa juridiction et à son éventuelle clémence. Le parquet a décidé de me maintenir, pour mon bien, à l'hôpital des Baumettes après les débats sur les comptes de l'OM, en escomptant que le tribunal suivra, dans cette affaire, sa demande de quatre années de prison dont deux fermes, assortie d'un mandat de dépôt immédiat.

C'est plus qu'un abus de langage, presque un crime, que de parler d'hôpital à propos de celui des Baumettes. Le service médical est identique à celui d'une prison normale, il se compose d'une infirmière et d'un médecin de garde, exclusivement pendant la journée. Voyant mon étonnement devant l'absence de tout moyen de déclencher un appel la nuit dans la cellule qui m'avait été réservée, le surveillant un peu gêné m'a indiqué qu'en cas de besoin il me conseillait de taper sur la porte avec ma chaussure le plus fort possible... Cela se passe de commentaire et je vous laisse imaginer ce qui se passe lorsque vous êtes pris d'un malaise la nuit à la prison-hôpital des Baumettes. Les lieux sont d'une laideur repoussante ; on y est entouré de détenus atteints des affections les plus graves et malheureusement entrés en phase terminale. C'est là que le procureur veut me maintenir, pour mon bien... une fois de plus, puisque je suis en mauvaise santé. Mais il me faut aller entendre le verdict de la cour d'appel de Paris sur le procès *Phocéa*.

La décision est scandaleusement sans surprise : la Cour confirme le verdict du tribunal correctionnel. Je suis condamné à six mois de prison ferme pour une prétendue fraude fiscale liée à l'exploitation du *Phocéa* dont j'aurais artificiellement aggravé le déficit pour ne pas payer d'impôts.

Curieux destin que celui de ce bateau, acheté autrefois à la veuve d'Alain Colas. Immense voilier, le plus grand du monde, il était conçu pour la performance et pour l'exploit. J'ai eu la fierté de le conduire au record de la traversée de l'Atlantique en équipage. Mais rien n'échappe au sort qu'on a voulu me faire : hier symbole du sport et du succès, le *Phocéa* est désormais nimbé de l'atmosphère de scandale créée autour de moi. La saisie du *Phocéa*, la vente du *Phocéa*, l'acheteuse du *Phocéa*, le nom de ce bateau magnifique ne revient plus que comme le refrain lancinant d'une complainte. Certains me verraient bien accroché à la haute vergue de ce voilier devenu l'un des signes de ma vanité, de mon mauvais goût de parvenu. Je note qu'il n'a jamais été autant photographié que depuis qu'il ne m'appartient plus. On ne le voyait guère en image de la victoire ; on aime le montrer en image de la déchéance. Je ne crois pas avoir mérité la sanction qui me frappe aujourd'hui, mais je suis certain en tout cas que le *Phocéa* n'avait pas mérité cette publicité.

Je n'ai pas encore compris comment on avait pu m'accuser d'avoir voulu frauder le fisc grâce au *Phocéa*. En effet, *Phocéa* était la propriété d'une société qu'Alain Colas avait créée à Tahiti, la société ACT. J'étais devenu propriétaire de cette société à 100 pour cent. J'étais officiellement le seul utilisateur du bateau, même lorsque je l'utilisais au profit de mes sociétés commerciales, étant donné que je ne leur facturais jamais cette utilisation. Le fisc a estimé, et la justice a suivi ce raisonnement, que j'avais privé la société d'autres recettes éventuelles si *Phocéa* avait pu être loué à des tiers. En prenant à ma charge la totalité des frais d'exploitation, des aménagements et des importantes charges de maintenance, je payais en fait à ACT entre dix et quinze millions de francs par an, c'est-à-dire trois fois plus que les recettes qu'ACT aurait pu faire si *Phocéa* avait été loué exclusivement à des tiers. J'ai été condamné à six mois de prison fermes pour l'impôt « virtuel » qu'ACT aurait pu payer si cette dernière avait réalisé des recettes plus importantes que celles qu'elle a faites. Cette démonstration est ridicule et dénuée de toute réalité, car elle revient à dire qu'ACT aurait pu louer le bateau plus de quinze millions par an à des tiers.

Je vois autour de moi beaucoup d'investisseurs avisés qui achètent dans les DOM-TOM des bateaux construits à l'étranger et obtiennent, pour cela, de véritables subventions fiscales. Je vois que les mêmes imputent très régulièrement sur leurs revenus les déficits d'exploitation de leurs bateaux défiscalisés qui perdent régulièrement de l'argent, même avec leurs équipages étrangers. Il paraît que tout cela est autorisé et même encouragé par la loi. J'ai, il est vrai, procédé autrement. J'ai acheté un bateau français, je l'ai fait aménager par un chantier naval français, sans subvention, je l'ai immatriculé à Marseille et je l'ai doté de quinze marins français dépendant des statuts de la marine marchande, ce que plus une seule compagnie de navigation ne fait. J'ai utilisé le *Phocéa* normalement, pour la promotion de mon groupe. Cette utilisation a été faite sans que je facture un centime à mes sociétés. Malgré tout, je suis condamné et les décisions de justice ont souligné mon intention frauduleuse pour permettre une condamnation à de la prison ferme. Qui peut croire que, seul décideur d'un groupe industriel important, occupé par ailleurs aux mille autres activités sportives ou politiques qu'on me reproche désormais, j'ai eu le temps d'établir moi-même les déclarations fiscales ou même de donner des instructions détaillées à ceux qui les établissaient ? Comme les bénéficiaires de la loi Pons que je viens d'évoquer, j'ai simplement été conseillé et assisté. Moins bien apparemment. Quand l'ancien président de la Compagnie générale des eaux est inculpé dans une affaire, assez ordinaire pour sa société, de marchés publics truqués, il est relaxé car on présume qu'il n'y a pas tenu la main lui-même. Quand une de mes sociétés est impliquée, on présume immédiatement le contraire : c'est nécessairement moi qui ai tout fait. Allez comprendre.

Le train de mes difficultés judiciaires n'interrompt pas – c'est heureux – le train des changements politiques que connaît notre pays. M. Jospin a rendu public son gouvernement. Les fidèles de François Mitterrand en ont tous été écartés au profit d'une nouvelle vague très morale dans le discours. C'est le plus beau des paradoxes de la « nouvelle gauche » : la rupture avec l'héritage de François Mitterrand est désormais le gage d'une qualité morale.

Quelle que soit leur valeur individuelle, je souhaite de tout cœur aux nouveaux ministres de réussir. L'inquiétude sociale française est trop grave, elle est révélée par le vote en faveur de l'extrême droite. Ce pays court les plus grands dangers et, même si je n'y ai pas beaucoup d'amis, je forme des vœux pour le succès du nouveau gouvernement.

Dans ce monde si particulier qu'est la prison, l'esprit peut s'occuper aux réflexions les plus générales comme aux sujets les plus triviaux. Pendant cette semaine passée à la Santé, j'ai retrouvé l'ordinaire d'une prison d'un autre âge : les repas servis à la louche à partir de chariots, les plats vagues, indéfinissables mais toujours immangeables, l'humiliation que les détails matériels viennent ajouter à la peine. A Luynes tout est plus propre et plus moderne, mais la Santé a été conçue à une autre époque. La prison n'avait alors qu'une signification : casser l'homme.

Elle y parvient encore quelquefois. Un nouveau suicide s'est produit pendant mon « court » séjour parisien. Le lendemain de son audition par l'Inspection générale des services, la fameuse police des polices, un jeune flic s'est pendu. Une telle mort intéresse les autres détenus : un policier, un homme jeune, une enquête de la police, un désespoir indépassable, tous les ingrédients sont réunis pour susciter la curiosité des prisonniers. Les mêmes ingrédients pourraient bien intéresser aussi à l'extérieur de la prison. Dès lors, l'administration pénitentiaire n'a qu'une seule mission : organiser le non-événement. On sort le cadavre, et on n'a plus qu'à inscrire un nouveau matricule. Les surveillants ne répondent pas aux questions. Il ne s'est rien passé. La mort est niée, elle est ignorée. Et pourtant chacun la sent qui rôde...

A la Santé, j'ai retrouvé la mort, et puis la vie aussi. Une belle leçon de vie sous les traits d'un jeune homme de soixante-dix-huit ans. André Guelfi avait permis des opérations de développement d'Elf dans certains pays. Il a été placé en détention provisoire par Mme Joly. Il tourne comme une bête enfermée dans la courette où on l'autorise à marcher. Il court presque, comme s'il avait une surabondance de vie. Il est incroyable, optimiste, dynamique, il dégage un enthousiasme qui fait plaisir à voir. Il a été interpellé alors qu'il portait des chaussures de ville ; je lui ai prêté mes Adidas afin qu'il puisse continuer à marcher pour se maintenir à flot. Salut à lui. Je me suis fait un nouvel ami. J'espère sincèrement le revoir dehors.

Caisse noire et carton rouge

On a beau s'être habitué à l'avalanche du pire, on peut toujours être surpris par une nouvelle coulée. De l'avis général, les débats du procès des comptes de l'OM s'étaient plutôt bien passés pour moi. A l'exception, bien sûr, de mes problèmes de santé qui avaient obligé le président du tribunal de Marseille à suspendre les audiences à deux reprises. Il avait cru me voir au bord du malaise et j'avais dû insister pour que les débats soient poursuivis.

Des débats qui se déroulaient bien, même si, en son temps, le déclenchement de l'affaire avait été passablement sordide. Tout avait démarré par une vérification des comptes du club de football de Toulon où Courbis, responsable toulonnais, avait cru intelligent de laisser entendre que Marseille faisait bien pis que ce qu'on reprochait à Toulon. Son calcul était simple : croyant, lui aussi, à l'efficacité des amitiés politiques, il pensait sans doute que mes amis m'aideraient si l'OM était mis en cause et que son sort, à lui Courbis, s'en trouverait amélioré. A cette époque, la brigade financière de Marseille est dirigée par un certain Gaudino qui croit, depuis l'affaire Urba, avoir des comptes à régler avec les socialistes, avec François Mitterrand et avec tous ceux qui en sont proches. Donc avec moi. Les policiers marseillais concluent à la nécessité d'ouvrir une information judiciaire sur les comptes de l'Olympique de Marseille. La première phrase des inspecteurs du SRPJ de Marseille chargés d'effectuer la perquisition au siège de l'OM a été, d'après tous les témoins présents : « Mitterrand a eu Gaudino, notre chef, nous aurons Tapie. »

Quelques mois plus tôt, j'avais informé Michel Charasse des problèmes du football professionnel et de la nécessité d'y apporter des solutions législatives, notamment pour étaler sur dix ou vingt ans l'imposition des sommes énormes que gagnent les joueurs pendant quelques années seulement, sommes qui devraient leur permettre d'avoir des revenus durant toute leur vie. A défaut de ces solutions, les clubs étaient obligés d'inventer des trucs, des artifices, qu'il faut bien appeler des irrégularités.

Gaudino avait entre-temps trouvé l'oreille attentive du procureur Dropet dont le supérieur avait transmis à Henri Nallet, alors garde des Sceaux, la demande d'ouverture d'une information judiciaire. Michel Charasse, interrogé par son collègue, confirmait qu'il avait trouvé, à l'occasion des contrôles effectués, les mêmes irrégularités dans les comptes de tous les grands clubs. Le nouveau garde des Sceaux, Michel Vauzelle, avait alors décidé de faire ouvrir une information judiciaire partout où le problème se posait. Tous les clubs avaient pu s'expliquer, sinon se disculper, et, à Marseille comme ailleurs, le juge d'instruction s'apprêtait à clôturer son enquête comme tous les autres juges saisis en France.

Mais rien ne se passe jamais naturellement dès lors qu'il s'agit de l'OM ou de moi-même : le juge d'instruction avait bénéficié d'une promotion et son remplaçant avait décidé, après un examen mené sous l'influence d'une vaste campagne d'intoxication, de renvoyer les dirigeants de l'OM devant le tribunal correctionnel. La question posée au tribunal était assez simple : y avait-il eu abus de biens sociaux dans la gestion de l'Olympique de Marseille ? Les enquêteurs et le juge d'instruction avaient fait preuve d'un zèle tout à fait remarquable et s'étaient interrogés sur le prétendu « détournement » d'une somme proche de cent millions de francs. Je n'avais pas eu de peine à démontrer que, pour constituer une grande équipe de niveau européen, l'OM avait dû se livrer à trois pratiques généralisées dans ce milieu : les prêts fictifs aux joueurs, le rachat de leurs contrats d'image, la rémunération de leurs intermédiaires. Le tout pour un peu moins de cent millions pendant les années de ma gestion.

Sans cette somme, pas de stars, pas de grand club, pas de Coupe d'Europe, pas de rêve. Les prêts fictifs permettent d'allouer aux grands joueurs un supplément de rémunération non imposable sans lequel ils iraient jouer – ce que font actuellement les meilleurs Français – dans des pays au régime fiscal plus favorable que le nôtre. Lorsque le joueur quitte le club ultérieurement, son départ à l'amiable est présenté comme un licenciement et il reçoit une indemnité égale au montant du « prêt » qu'il aurait dû rembourser. Voilà comment pratiquaient les grands clubs européens et tous les clubs français qui nourrissaient des ambitions européennes.

Pour le même résultat, le contrat d'image est une autre technique. Les grands joueurs internationaux sont souvent liés à des sociétés chargées de gérer leur image et dans lesquelles ils sont généralement associés. Pour pouvoir exploiter cette image dans la presse, dans les publicités, dans les relations avec la télévision, les clubs doivent racheter ces contrats, souvent au prix fort, ce qui est une autre manière de rémunérer les joueurs indirectement. Là encore, toutes les grandes équipes sont condamnées à cette méthode qui ne devient d'ailleurs franchement suspecte que si le rachat porte sur un contrat important liant un joueur dont l'image est faible ou inexistante. Rien de tel dans le cas de l'OM.

Restait enfin la question de la rémunération des intermédiaires, des agents, sorte d'imprésarios du football. Les sommes en jeu ont pu choquer tellement elles paraissent élevées pour un simple acte de courtage, et légèrement immorales s'agissant d'une sorte de commerce d'êtres humains. A propos de morale, je note ici que les dirigeants de grands clubs sont souvent critiqués par ceux, très moralisateurs, de clubs modestes qui n'hésitent pas, pour leur part, à acheter des gamins de douze ans à leurs parents, à les revendre à dix-huit ans pour spéculer, et à se faire ainsi à très bon compte une réputation de « formateurs ». Passons. Les commissions prélevées par les agents des joueurs sont tellement importantes, quelquefois plusieurs millions de francs pour un transfert, que la tentation est grande pour un observateur ou... pour un juge d'instruction d'imaginer une répartition de ces sommes, en aval de leur paiement, entre les intermédiaires qui les ont perçues et les dirigeants des clubs qui les ont payées. Je n'exclus pas que certains cadres de mon propre club aient pu, à une époque ou à une autre, l'imaginer aussi. Mais dans mon cas personnel, étant le principal pourvoyeur de fonds de l'OM, dans lequel j'ai investi cinquante-deux millions de francs m'appartenant, et pour lequel j'avais apporté ma caution personnelle, à hauteur de deux cent vingt millions de francs, je n'avais évidemment aucun intérêt à reprendre de la main gauche ce que je versais de la main droite. Je ne partage pas la réprobation quasi unanime des commentateurs sur la rémunération de certains intermédiaires dont l'intervention est souvent décisive pour un transfert. Et quand je pense aux extraordinaires plus-values réalisées par l'OM, grâce à ces intermédiaires, entre l'arrivée et le départ de certains joueurs, Alen Boksic, Sony Anderson, Jean-Pierre Papin ou Marcel Dessailly, par exemple, il me semble que les agents n'ont pas été payés pour rien.

Bref, j'avais déjà expliqué tout cela au juge d'instruction et je l'avais à nouveau exposé devant le tribunal. Il n'y avait pas d'autre « affaire » dans les comptes de l'Olympique de Marseille. A l'instruction, deux des personnes impliquées dans la manipulation de ces sommes d'argent aux circuits opaques, argent que je n'ai évidemment jamais vu ni touché moi-même, avaient bien laissé entendre que des sorties inexpliquées auraient pu servir à acheter des matchs en corrompant des arbitres ou des joueurs. Depuis OM/VA, on ne prête qu'aux riches... Trois personnes avaient tenté d'accréditer cette thèse : le juge d'instruction qui se prenait pour un procureur et semblait n'instruire qu'à charge, un ancien policier menant une vie d'officine spécialisée dans les poubelles et se présentant comme l'ange blanc, un avocat déjà cité et qui poursuit dans les médias une croisade anti-Tapie ne rejaillissant que sur lui.

Mais le tribunal s'était trouvé, s'agissant de cette accusation de corruption, devant un problème insoluble pour lui. Après cinq ans d'instruction, il n'y avait pas le plus petit début de preuve quant aux prétendues tentatives de corruption. D'ailleurs, les accusateurs s'étaient rétractés pendant les débats, il n'en avait donc plus été question.

Dès lors, le verdict semblait devoir être clément puisque les seules irrégularités démontrées avaient été expliquées. Elles correspondaient à des pratiques certes regrettables mais générales. La destination finale de toutes les sommes versées par l'OM était largement identifiée, mis à part trois ou quatre millions de francs sur plus de deux milliards de budget, pour une période de sept ans. Au demeurant, pour que l'abus de bien social soit lourdement puni, il faut que soit prouvé l'enrichissement personnel de celui ou de ceux qui l'ont commis. J'étais donc confiant, même si tous les observateurs du procès avaient été surpris par la violence du réquisitoire auquel s'était livré le procureur en reprenant à son compte toutes les accusations du juge d'instruction, violence qui détonnait complètement avec l'atmosphère générale des débats. Je suis depuis longtemps coutumier d'un phénomène : certains journalistes, certains hommes politiques, certains magistrats croient devoir jouer face à moi le rôle de leur vie, ce qui les pousse facilement à l'excès. Je ne m'étais donc pas autrement inquiété des propos de Mme le substitut. Même si je n'oubliais pas que le procureur de la République de Marseille était un ancien membre de la commission de discipline de la Ligue professionnelle de football, laquelle s'était portée partie civile dans ce procès.

Plus généralement, la presse spécialisée et les commentateurs judiciaires avaient posé, pendant le procès, un débat plus large. Condamner trop sévèrement les dirigeants de l'Olympique de Marseille impliquait une sévérité égale à l'égard de tous les grands clubs français, puisque personne n'était dupe des protestations de bonne foi et de rigueur des uns et des autres. On ne pouvait reprocher à l'OM ce que tous les autres clubs pratiquaient, sauf à courir le risque de ce que les journalistes avaient appelé « le grand déballage ». Les mêmes avaient estimé qu'à un an de la Coupe du monde de football les inconvénients de ce déballage étaient plus importants que les avantages de l'exécution de Bernard Tapie. Ils avaient donc résumé la question posée au tribunal de Marseille : indulgence probable pour l'OM et pour le monde du football, ou sévérité dangereuse pour Marseille et pour tous les clubs. Cela m'avait paru raisonnable et logique.

Coup de tonnerre

Nous nous étions trompés... Le verdict est tombé hier... D'une incroyable brutalité. Mme le procureur avait choqué tous les auditeurs en demandant contre moi, sans avoir rien prouvé, quatre ans de prison dont deux ans d'emprisonnement ferme. Le tribunal m'a condamné à trois ans dont un an et demi ferme. Tous les dirigeants de l'OM sont condamnés et la mansuétude du tribunal n'a bénéficié qu'à ceux qui avaient parlé de corruption à l'instruction, sans vouloir ni pouvoir réitérer leurs accusations à la barre.

En entendant ce verdict, je me suis intérieurement effondré. Je m'étais préparé à l'idée d'une condamnation, à cette idée à laquelle on ne devrait jamais consentir : être condamné pour une faute qu'on n'a pas commise. Certes, je n'étais coupable de rien dans cette affaire, mais j'étais surtout pressé d'en finir. J'avais imaginé que le tribunal me condamnerait à une peine de principe puisque, jamais au grand jamais, un seul jour de prison ferme n'a été infligé, en France, pour un abus de bien social n'ayant pas entraîné d'enrichissement personnel.

J'ai désormais effectué plus de la moitié de la première peine, plus de cinq mois pour une condamnation à huit mois, et n'importe quel autre détenu aurait déjà accédé à la liberté conditionnelle. J'y ai droit quoi qu'il en soit, et le jeu des remises de peine aurait pu me permettre de sortir enfin de prison dans les tout prochains jours si la nouvelle condamnation n'avait pas été supérieure à un an. Dans ce cas, j'étais décidé à ne pas faire appel, préférant ma liberté à la vérité et à la justice. Mais tout, dans le calendrier judiciaire comme dans le détail du verdict, paraît avoir été calculé – minutieusement calculé – pour me priver de cette possible liberté. J'ai donc décidé de faire appel et mes avocats ont souligné, avec une conviction véhémente, l'iniquité du sort qui m'est fait.

Et effectivement, j'ai depuis hier le sentiment d'une injustice plus profonde encore que celles que j'ai subies précédemment. J'ai vécu, avec l'Olympique de Marseille, la plus belle des aventures. Je l'ai fait partager à des joueurs, à des supporters, à une ville, à une région, à toute la France. Je n'avais pas sollicité cet honneur, c'est Gaston Defferre qui m'a demandé de reprendre l'OM, cet OM oublieux de sa grandeur passée, de son ancienne époque, cet OM tellement important pour les équilibres sociaux, économiques et... politiques de la deuxième ville de France, cet OM d'exception qui ne semble jamais taillé, ni dans la victoire ni dans la défaite, pour la médiocrité, cet OM dont les ambitions n'étaient plus à la hauteur de sa légende. J'ai accepté la proposition et, puisqu'il s'agissait d'ambitions, j'ai affiché les plus hautes : nous gagnerions la Coupe d'Europe. Chacun savait, dès ce moment, qu'un objectif de taille n'était pas compatible avec les modes de gestion totalement archaïques qui caractérisaient le football français. Chacun devinait qu'il fallait de l'argent, beaucoup d'argent, du réalisme, des soutiens politiques locaux, de la modernité et des outils au moins équivalents à ceux des grands clubs européens concurrents, Milan AC, Bayern de Munich, Ajax d'Amsterdam ou FC Barcelone. Chacun pouvait prévoir que, même si la fin ne justifie pas toujours les moyens, j'emploierais pour ma part tous les moyens que j'estimerais compatibles avec l'objectif et avec la morale. Ce que j'ai fait.

Et nous avons gagné, nous avons chanté, rêvé, nous avons été heureux. Et avec nous la France entière. C'était beau et c'était grand. Au soir de la victoire en Coupe d'Europe, j'ai pleuré de joie mais j'ai refusé le tour d'honneur du stade olympique de Munich ; l'honneur ne me revenait guère et j'étais submergé par l'émotion. Lors de notre retour, j'ai préféré les débordements de joie des minots marseillais – qu'ils soient venus du Vieux-Port, de Tunis ou de Moroni – à la remontée cérémonieuse des Champs-Élysées ; j'ai adoré la fierté de ces gosses-là. Et après chaque succès, j'ai vu le bonheur, je l'ai senti aller d'eux à moi comme un fluide, j'ai éprouvé l'ivresse du magicien qui parvient à allumer le regard d'un enfant, l'espace d'un instant miraculeux, la vie devenait vraiment belle.

Était-ce trop beau ? Était-ce trop grand ? Je n'avais pas pensé que tant de succès déclencherait tant de haines, d'envies, de jalousies, de ressentiments médiocres. J'avais oublié qu'il est toujours plus facile de détruire que de construire. J'aurais pu me douter que tant de gloire ne pouvait rester impunie. J'aurais pu, j'aurais dû. Il me reste, après la défaite, après la ruine, après l'infamie, le souvenir de ces belles journées, la joie simple d'avoir fait ce que j'avais promis, le bonheur d'avoir permis à toute une jeunesse d'imaginer, grâce à la magie du jeu et des joueurs, un avenir meilleur que celui qui lui était réservé. C'était bien. Je l'ai fait en accord avec moi-même et avec l'éthique du sport. Je n'ai pas triché. Je n'ai pas volé. Cette certitude apaisée qu'on éprouve quand on a respiré au sommet, nul ne pourra me l'enlever.

On peut croire, ici, que je transforme la réalité pour qu'elle me paraisse favorable. Puisque la presse a dit que j'avais pourri le sport, pourquoi croirait-on que j'ai simplement aimé le jeu, ses incertitudes, ses fulgurances et l'immense bonheur qu'il apporte à des millions de gens ? C'est pourtant ainsi. Mon tort aura justement consisté en une passion exclusive pour le rêve. Je ne m'intéresse pas à la gestion, à l'intendance. Je fais ce que je trouve beau et qui me rend heureux. A moi la Coupe d'Europe, la compétition, l'exaltation, la joie de la victoire et la tristesse des défaites. A d'autres la comptabilité, les contrats, les précautions, les tâches ingrates. C'est ce partage qui m'a laissé, à l'OM et ailleurs, dans l'ignorance de choses que, délibérément, je voulais ignorer. J'avais tort : la vie ne peut être pétrie seulement de plaisir ; on ne peut vivre en ne faisant que ce que l'on a envie de faire. De cette faiblesse, on s'est servi comme d'un prétexte. On m'impute des actions que je n'ai pas commises mais dont j'avais la responsabilité. Je l'assume aujourd'hui.

Pour autant, je ne veux pas laisser croire en cette fable qui me présente comme l'ange noir du sport professionnel, comme le seul coupable de la vénalité du football qui était, avant moi, et serait, après moi, le temple de toutes les vertus.

A propos de cette affaire des comptes de l'OM, je voudrais rappeler quelques vérités simples et fortes.

Les deux présidents de club entendus par le tribunal et choisis en raison de leurs personnalités très différentes, M. Nicollin, président de Montpellier, et M. Hammel, président d'Auxerre, ont déclaré, l'un et l'autre, que l'OM devait ses résultats à la richesse de son effectif, au soutien de son public, aux talents de meneurs de ses dirigeants, et que les prix payés par le club pour les différentes prestations litigieuses étaient bien ceux du marché.

Tous les intermédiaires utilisés par l'Olympique de Marseille sont confirmés dans leur habilitation par l'UEFA, laquelle admet que 10 à 15 pour cent du montant des transferts soient affectés à leur rémunération, alors que, dans le cas de l'OM, la moyenne de ces commissions a été inférieure à 5 pour cent du montant des transferts, du temps de ma présidence.

Les sanctions qui m'ont été infligées par la Fédération française de football et la Ligue ont été annulées par un jugement du tribunal administratif de Paris qui a estimé, compte tenu des déclarations de Le Graët à la presse, que ces deux organisations n'étaient pas de bonne foi.

Lorsque le juge Philippon et le procureur Dropet

ont demandé la levée de mon immunité parlementaire à propos de ce dossier et pour prendre à mon encontre des mesures coercitives, le bureau de l'Assemblée nationale a estimé que cette demande n'était ni sérieuse ni sincère, et l'Assemblée européenne s'y est opposée aussi à l'unanimité, excepté le Front national qui s'est abstenu.

Non, je n'ai pas sali le football français et je n'ai pas pillé mon club. Oui, je crois que certaines grandes joies sportives sont bien plus importantes que l'argent. Que ceux qui se sont fait de la morale une profession commencent par balayer devant leur porte.

VIII

L'INSOLENT JUGE SES JUGES

Au cours de mon séjour à Paris, j'ai été placé en examen, pendant quelques jours, à l'hôpital Cochin, car mon état de santé restait préoccupant. Cette courte hospitalisation m'a valu la visite de Bernard Kouchner. Je l'ai trouvé courageux : il venait d'être nommé ministre dans un gouvernement où l'on ne m'aime guère, j'étais assailli d'ennuis judiciaires en tout genre, et cependant il bravait l'opinion dominante pour venir me témoigner son amitié. Avec Pierre Joxe, avec Jack Lang, ou encore avec Michel Charasse, j'ai eu quelques occasions de vérifier que le monde politique n'était pas entièrement fait d'opportunistes et de faux amis. Ceux-là ont su me montrer, en m'assurant de leur solidarité ou en aidant ma famille dans la difficulté, que les relations humaines pouvaient être plus importantes que les rapports de pouvoir. Merci à eux.

Après Cochin, j'ai réussi à retourner à Luynes plutôt qu'à Marseille. Mes avocats me disent que je devrais accéder, sous peu, à la liberté conditionnelle. Ils disent même que j'aurais dû en bénéficier depuis plusieurs semaines. Mme Joly, juge d'instruction, a néanmoins voulu m'entendre d'urgence. Elle aurait pu attendre ma probable libération et nous éviter, à elle comme à moi, les formalités d'un nouveau transfert d'Aix-en-Provence à Paris avec fourgon cellulaire, gendarmes et pause casse-croûte à la prison de Lyon. Je retourne donc à Paris.

Une fois de plus, mon arrivée à Paris est annoncée, les photographes sont en planque, ils ne désespèrent pas de toucher le jackpot. Je n'ai jamais su, évidemment, comment, depuis 1993, est parvenue dans les rédactions l'intégralité des éléments d'enquêtes, des investigations, des interrogatoires, des perquisitions, des commissions rogatoires, des aveux, vrais ou faux, bref, de tous ces éléments normalement couverts par le secret de l'instruction.

Celui-ci s'impose à tous, sauf aux juges d'instruction et aux journalistes dits d'investigation. Les premiers distillent leurs secrets aux seconds qui leur offrent à leur tour de pleines pages de portraits pour vanter leur discrétion. C'est ainsi qu'un journal peut imprimer le détail des motifs d'une mise en examen avant même la fin de l'entretien théoriquement secret pendant lequel le juge notifie ces motifs à la personne concernée.

Indépendante, dites-vous ?

Cette alliance contre nature, celle de l'ombre et de la lumière, est sans doute le plus grave défaut actuel de la justice française, j'y reviendrai. Mais ce n'est pas le seul.

J'ai montré, je crois, au fil de ces pages, que dans

chacun des procès qui m'était fait, il y avait une intention souvent politique, une manipulation de l'instruction judiciaire flattée dans toutes ses faiblesses et un résultat sans aucun rapport avec l'équité. On sait que le juge Jean-Pierre, homme de gauche selon lui, villiériste selon celui qui l'a fait député européen, madeliniste selon ses plus récents aveux et en attendant mieux, que M. Jean-Pierre donc n'est pas un de mes amis. C'est pourtant lui qui dénonçait, à la télévision, peu avant mon incarcération, la manière dont le pouvoir politique avait, dans mon cas, « instrumentalisé » la justice pour lui faire servir ses projets. Je ne saurais mieux dire, et, pour la première fois, je suis d'accord avec monsieur l'ex-juge-député.

Qu'un juge d'instruction, voué par la loi au secret et à la réserve, puisse d'ailleurs devenir député européen par les effets de la croisade judiciaire qu'il a cru devoir engager, voilà qui devrait faire méditer sur l'indépendance de la justice.

Indépendance, voilà le grand mot. C'est la revendication unanime des juges, des journalistes spécialisés et même de ceux qui n'y connaissent rien, des politiques pris en otages par les surenchères de la magistrature, et aussi des citoyens qui croient y discerner comme la perspective d'une amélioration générale de l'état de droit. Hors de l'indépendance, pas de salut. Et vive l'indépendance des juges qui nettoieront les écuries d'Augias ! Vive, surtout, l'indépendance des procureurs qui permettra à tous les téléspectateurs de connaître enfin la vérité sur les affaires putrides qu'on leur avait cachées ! Comme dans le tiers monde au seuil des années 60, ce n'est plus un souhait, une espérance, une perspective de mieux-être, c'est un mot d'ordre politique, une incantation unanime, le geste fondateur et symbolique qui va restituer à tous les individus leur liberté et leur dignité : vive l'indépendance !

Il faut être bien malhabile pour s'opposer à une idée aussi forte et aussi éminente. Je ne serai pas trop habile : je n'ai strictement rien à faire de l'indépendance des juges. Plus exactement, je n'y crois pas du tout. Je comprends bien que les magistrats réclament, au besoin en menaçant de couper des têtes, une indépendance statutaire totale qui serait pour eux la liberté de faire tout et n'importe quoi comme certains l'ont commencé. Je le comprends mais je ne l'accepte pas. Car le confort juridique et intellectuel du juge ne le rendra pas indépendant, dès lors qu'il vit dans la dépendance. Sont-ils indépendants de la sociologie et de leur classe sociale, ces juges dont les orientations syndicales suivent exactement les classes d'âge de leur corps ? Sont-ils indépendants de l'opinion publique et de la presse qui la façonne, ces tribunaux qui délibèrent sous la clameur et condamnent enfin, par exemple, les pédophiles plus lourdement cette année que l'année dernière ? Sont-ils indépendants du corporatisme, les magistrats d'appel qui confirment si souvent les condamnations prononcées par leurs collègues et réduisent à néant le principe constitutionnel du double degré de juridiction ? On pourrait multiplier les exemples à l'infini pour parvenir à ce constat : si certains juges ne veulent dépendre que d'eux-mêmes, c'est pour pouvoir s'offrir, sans contrôle, à toutes les dépendances qu'ils ont choisies.

Indépendance ou impartialité ?

Je le répète, je me fiche que la justice soit indépendante. On doit exiger qu'elle soit efficace, responsable, neutre, juste et impartiale.

Car la justice française est d'abord prodigieusement inefficace. Les citoyens ne s'y trompent pas. Même s'ils prennent résolument le parti des juges tellement ils sont dégoûtés par la multiplication des affaires de corruption publique, ils ne croient pas du tout à la justice, qui fait beaucoup de mécontents. Mécontent, évidemment, celui que, dans une gesticulation répressive inutile et dangereuse, on envoie croupir en prison pour dix grammes de chanvre indien. Mécontents surtout, les citoyens innombrables qui ne parviennent pas à se faire rendre justice. S'agit-il de droit pénal ? Allez donc au commissariat de police ou à la gendarmerie pour déclarer le vol de votre voiture ou le cambriolage d'une résidence secondaire. On ne vous y laissera aucune illusion sur les suites judiciaires de votre plainte. Au mieux, on vous donnera un papier « pour l'assurance », notre société s'assure contre l'inefficacité de sa justice. S'agit-il de droit civil ? S'il n'est pas découragé par les frais et les formulaires incompréhensibles que les auxiliaires de justice multiplient afin de gagner leur vie, le justiciable devra s'armer d'une patience infinie pour voir s'écouler les mois et les années de procédures interminables. Si vous êtes propriétaire d'un modeste appartement donné en location, demandez donc à la justice de faire payer ou d'expulser un locataire récalcitrant et vous m'en direz des nouvelles. S'agit-il de droit social ? Vous savez, par avance, que les prud'hommes désignés par les syndicats patronaux vous donneront souvent tort si vous êtes salarié et que leurs collègues des syndicats ouvriers vous condamneront presque à coup sûr si vous êtes chef d'entreprise. Nul besoin d'ouvrir le dossier ni de consulter les codes : leur opinion est souvent déjà faite selon votre qualité.

La justice, ce devrait être, au rebours des procès à grand spectacle, l'efficacité au quotidien dans les petites affaires ; ce devrait être une sécurité pour les citoyens dont la vie et l'environnement sont les plus incertains. C'est souvent le contraire. Preuve que la justice française n'apporte pas cette sécurité aux Français, dans les sondages, ils disent leurs craintes quand ils ont affaire à elle.

Au moins, cette imperfection dans le traitement des petits délits ou des litiges modestes serait-elle acceptable par le grand public si la justice se montrait capable de prévenir et, au besoin, de réprimer et réparer les torts causés à l'ordre public et au civisme par les plus grandes affaires, les plus exemplaires. Or, dans les plus grands scandales de l'époque, la justice s'est souvent montrée impuissante à établir les vraies responsabilités. Sang contaminé, maladie de la vache folle, énormes pollutions industrielles, grands scandales financiers du Gan, du Crédit Lyonnais, du Crédit Foncier, aucune de ces affaires qui ont légitimement choqué nos concitoyens n'a été véritablement réglée par la justice, si l'on veut bien tenir pour négligeables les quelques condamnations prononcées, pour la forme, contre quelques lampistes insolvables.

Si certains justes, minoritaires heureusement, invoquent si souvent leur indépendance, c'est parce que, pensent-ils, elle permet de perpétuer leur irresponsabilité. Vient-on à priver un innocent de sa liberté ? On n'en rendra jamais compte ni à lui ni à la société. A-t-on sali l'honneur et la réputation d'un citoyen sur lequel on s'est acharné à tort ? Le magistrat recevra éventuellement une promotion destinée à l'éloigner des lieux où son acharnement a fini par faire scandale. C'est ainsi qu'on peut, dans ce pays, accuser à longueur d'articles rémunérés par les journaux tel notaire du Pas-de-Calais d'avoir violé une fillette ou telle mère de famille des Vosges d'avoir assassiné son propre enfant et continuer à distiller son venin au long d'une carrière honorable ou d'une retraite heureuse, et même au long des pages de ces livres qu'on publie pour glorifier son propre aveuglement. Le privilège français que se partagent les hauts fonctionnaires et les magistrats est que la sanction qu'on leur inflige en cas de faute grave est une promotion.

Cette question de la responsabilité des juges ne me paraît pouvoir être convenablement réglée que par une solution « à l'américaine » : que les juges soient élus et, à défaut de devoir des comptes aux justiciables, qu'ils viennent périodiquement en rendre aux électeurs. Ce mécanisme aurait l'immense avantage de supprimer une zone de non-droit, une immunité illégitime, même si je connais les objections qu'on peut lui faire et qui sont celles que l'on fait ordinairement à la démocratie. Un juge élu serait placé, par sa campagne et par l'espoir de sa réélection, sous les influences de l'argent et des intérêts partisans.

L'objection ne serait valable que si notre justice actuelle était neutre. Elle ne l'est pas. J'ai déjà souligné le poids des intérêts sociologiques ou idéologiques dans la justice ordinaire, celui des appétits financiers dans les tribunaux commerciaux, celui des engagements syndicaux dans les juridictions prud'homales. Resterait – mais le sujet est plus vaste – à dénoncer les *a priori* d'une pseudo-morale du service public dans les juridictions administratives où l'administration est toujours réputée incarner l'intérêt collectif, alors qu'elle sert bien souvent des intérêts particuliers ou le seul goût du pouvoir de ses différents bureaux.

Encore ne s'agit-il, ici, que du comportement collectifs, de réflexes de corps ou de caste. Mais, individuellement, le juge n'est pas neutre. Il ne se passe pas une grande affaire judiciaire ou une controverse juridique importante sans qu'on invite à la télévision des magistrats représentants d'au moins deux tendances syndicales opposées et qui livrent, sur l'affaire qu'ils auraient pu juger, des opinions diamétralement contraires. Où est le droit ? Croyez-vous qu'un juge de province juge de la même manière son confrère du Rotary Club et un travailleur immigré ? Et le même travailleur immigré sera-t-il jugé de façon égale par le magistrat abonné au *Nouvel Observateur* et par celui qui lit *Le Figaro Magazine* ? Le juge qui envoie les patrons en prison pour un accident du travail est-il le même que celui qui condamne les grévistes pour un piquet de grève « illégal » ? Et pourquoi, si ce n'est à cause des spécificités locales, les cours d'assises corses prononcent-elles trois fois plus d'acquittements que celles du continent ? Neutres, les juges français ? Allons donc ! Ils sont, comme vous et moi, des hommes et des femmes de chair et de sang, de raison mais aussi de passion, de force et de faiblesses, accessibles à l'erreur, à la faute, au mensonge, à la lâcheté. Voilà pourquoi leur rôle est tellement difficile, leur conscience sûrement souvent interpellée. Aussi faudrait-il que leur activité soit encadrée par des règles de droit plus strictes et contrôlée, quoi qu'ils en disent, par un pouvoir responsable. Cela ne garantirait certes pas l'indépendance des magistrats mais ferait peut-être progresser l'indépendance de la justice.

Pour moi, j'assimile cette indépendance à l'impartialité. Que signifie donc l'impartialité de la justice ? Cela veut dire que, dans un procès, le juge applique la loi, seulement la loi, qu'il forge sa décision à partir de preuves indiscutables et qu'il la rend sans considération particulière pour la personne du justiciable. Pour tous la même loi, appuyée sur des preuves.

C'est exactement le contraire de ce qu'on m'a souvent fait subir. Je n'ai pratiquement jamais été jugé mais presque toujours préjugé. Un procès est une sorte de match, entre les parties le plus souvent, entre l'accusation et la défense dans le procès pénal. Pour ma part, j'ai souvent rencontré des juges-arbitres qui me donnaient un carton rouge dès mon entrée sur le terrain. J'étais soupçonné, donc présumé coupable, et donc condamné puisqu'il fallait bien donner, à la fin, une légitimité au soupçon et à la prévention. A propos du procès sur les comptes de l'OM, précisément, j'ai confessé mes torts et même mes fautes. Qui croit cependant que, placé dans la même situation, le président actuel du Paris-Saint-Germain ou de Guingamp aurait été puni de la même façon par les instances sportives et par l'institution judiciaire ? Nul ne le croit car il ne s'agissait pas de justice. Il s'agissait, je pense l'avoir démontré, de punir l'Olympique de Marseille et Bernard Tapie, chacun étant coupable des succès de l'autre.

La loi et la morale

J'ai même rencontré des magistrats plus courageux que d'autres – je pense, par exemple, au procureur de Montgolfier – et qui ont fait de cette discrimination une véritable théorie. Et de m'expliquer que, président d'un grand club, ancien ministre, député, personnage médiatique, je devais être puni plus sévèrement que d'autres car ma punition aurait des vertus d'exemplarité à la mesure de ma popularité. Existerait-il dans notre code pénal une disposition légale aggravant les peines encourues par les présidents des clubs qui gagnent la Coupe d'Europe ou par les gens qui passent fréquemment à la télévision ? Cette loi particulière, vous ne la trouverez dans aucun code, évidemment. C'est qu'il n'est pas question, dans ce discours, ni du droit ni de la loi. Il n'est pas question de morale publique ou républicaine contenue dans les lois. Pas même de cette morale élémentaire que chacun de nous porte en lui et qui nous permet de distinguer, sans aucune connaissance juridique, le bien du mal. Non, la morale en cause est tout simplement celle de M. de

Montgolfier. Le procureur se fait une certaine idée du football, du sport professionnel, de l'argent, de la politique et de Bernard Tapie. Cela suffit à lui composer une « morale » au nom de laquelle il réclame et obtient ma condamnation. Je constate, à la lumière de ces péripéties judiciaires, que tout homme, fût-il magistrat, se croit dépositaire d'une morale absolue alors que ses opinions ne sont, en réalité, que le produit de sa naissance, de son éducation, de son expérience, de son milieu professionnel, de sa confession religieuse, de ses convictions politiques, bref, de ses préjugés. Et voilà pourquoi je réclame qu'on juge les citoyens au nom de la loi et non au nom de la morale du juge et de sa prétendue indépendance.

Il m'arrive souvent de penser à un magistrat, un magistrat dont personne n'a retenu le nom, qui n'a pas posé devant les caméras de télévision, qui n'a pas écrit de livre sur l'affaire qu'il avait instruite, qui ne s'est pas contenté de préjugés ou de verdicts lapidaires que lui apportaient les gendarmes et l'opinion publique. Moi-même, je ne connais pas le nom de ce juge. Dans une affaire particulièrement horrible du meurtre d'un enfant, on lui a amené deux suspects. Les deux suspects ont avoué. L'affaire était entendue, il n'y avait plus qu'à la boucler et à juger. Sa conscience, justement, lui indiquait qu'il avait un doute sur les aveux d'un des prévenus. Un homme de rien du tout et que personne ne serait venu défendre. Il s'est remis au travail, sérieusement, méthodiquement, sans *a priori*. Et il a démontré que l'un des hommes était probablement coupable mais que l'autre n'avait absolument pas pu commettre le crime qui lui était reproché et qu'il avait pourtant avoué. Pour ce deuxième homme, qui s'appelait Roman, le magistrat a prononcé un non-lieu. Sa décision a fait scandale. Elle a été cassée par la chambre d'accusation et le juge d'instruction s'est vu retirer le dossier. Finalement, Roman a été acquitté mais le juge a dû quitter la magistrature pour devenir avocat et pouvoir se consacrer à la justice. Voilà ce que j'appelle du courage et de la vraie morale.

La justice se réconcilierait avec l'opinon publique si elle devenait capable d'un discours simple et clair : tels sont les faits, telle est la loi, tel est, sans discussion possible, le verdict que je rends après avoir entendu tous les arguments. Trop simple et trop clair, sans doute. Car, dans cette hypothèse, le pouvoir du juge de montrer sa mansuétude ou sa sévérité, de prouver sa clairvoyance et son intelligence, de faire la part des choses et celle des personnalités, d'induire ou de déduire, d'imaginer et d'inventer, d'absoudre arbitrairement ou de punir subjectivement, de manier le symbole et l'approximation, de se mettre en cause au lieu de juger les causes, tout ce pouvoir-là, qui est le contraire de la justice, serait réduit à néant alors qu'il règne aujourd'hui sans contrepartie et sans contre-pouvoir sur nos tribunaux.

L'imagination du tribunal

Si l'on veut une preuve de la réalité de ce règne, je reviendrai d'un mot sur mes mécomptes dans l'affaire des comptes de l'OM. J'avais été surpris par la sévérité du verdict, mais je ne connaissais que la décision proprement dite. J'attendais donc avec impatience d'en lire les motivations pour comprendre comment le tribunal avait pu parvenir à une telle conclusion. *La Provence* de ce 10 juillet a publié des extraits édifiants du jugement sous le titre : « Tapie : les raisons d'une condamnation ». Vous avez bien lu le mot « raisons ». Qu'en est-il donc des raisons ? Le jugement établit d'abord que j'étais le véritable patron de l'Olympique de Marseille, affirmation qui ne nécessitait pas de longues audiences correctionnelles. Et le tribunal de poursuivre : « Malgré les remarquables efforts déployés par les prévenus, et tout particulièrement par Bernard Tapie, au cours de l'audience, pour donner une cohérence explicative aux sorties de fonds, les motifs en sont restés inavouables. » J'ai dit, en ce qui me concernait, quelles étaient les destinations de cet argent, je n'ai été contredit ni par le dossier ni par les autres prévenus, au contraire. Pour leur part, les juges – d'instruction ou de jugement – n'ont recueilli aucun aveu ; les commissions rogatoires n'ont démontré aucune faute ; ils en déduisent logiquement que les motifs étaient... inavouables. Dès lors, ils sont obligés d'imaginer une « vérité », celle qui leur convient. Alors ils supputent ; ils conjecturent ; ils fournissent, selon le journal, « plusieurs explications possibles ». Notez le « possibles ». « Il peut s'agir tout autant de la corruption d'équipes adverses ou d'arbitres, que de l'enrichissement personnel de certains dirigeants de l'OM, ou encore d'intermédiaires, voire de certains dirigeants d'autres clubs... » A ce niveau de certitude, il pourrait s'agir aussi de dons aux œuvres de la paroisse, de financement occulte du RPR ou du parti socialiste, de versements frauduleux au président de la Ligue ou pourquoi pas du prix d'un racket organisé par tel homme politique mafieux (il y en a)... Ces destinations ne seraient certes pas plus établies par les débats, mais elles seraient moins vraisemblables aux yeux des magistrats... On rêve... Non, on cauchemarde.

On vous juge donc sur une vraisemblance, une opinion, une hypothèse, ce que le tribunal avoue dans ce cas assez candidement puisque le journal ajoute avec des guillemets de précaution que les juges marseillais qualifient la thèse de la corruption de « très vraisemblable, sans pour autant être acquise ». Magnifique, non ? La preuve n'est pas rapportée, la thèse n'est pas acquise, mais la conviction des juges est faite. Et c'est cette conviction, elle seule, qui explique la sévérité du verdict pour lequel on veut m'envoyer dix-huit mois en prison et me priver pendant cinq ans de mes droits civiques et de mes droits familiaux. Non seulement on me condamne sur une hypothèse qu'on n'a pas réussi à prouver ni même à étayer un peu, mais on me condamne surtout sur la base du soupçon d'un délit, en l'occurrence celui de la corruption, pour lequel on ne m'a pas poursuivi.

« Il peut s'agir... », « il peut s'agir tout autant... », « ou encore... », « très vraisemblable... », etc. Voilà comment peut se rendre la justice en France. On ne m'a pas condamné pour ce que j'ai fait mais pour ce que j'aurais pu faire. La Fontaine, déjà, stigmatisait cette tendance du pouvoir à donner une apparence de justice à ses décisions arbitraires : « Et si ce n'est toi, c'est donc ton frère. » Ces jugements n'établissent rien, ils fournissent une architecture juridique aux préjugés. On rend la justice au conditionnel. Elle est conditionnelle, comme la liberté qu'on me laisse espérer, celle dont je pourrais bénéficier malgré les fautes que j'ai commises. Dans ce contexte insupportable, comment ne pas rendre un hommage sincère et reconnaissant aux quelques magistrats qui restent insensibles à ce vacarme étourdissant et qui utilisent le droit – et le droit seul – pour servir la justice ; celle pour laquelle ils acceptent tous les sacrifices imposés par cette mission noble et gratifiante, sans autre contrepartie que la satisfaction d'avoir fait leur devoir.

IX

SAGE COMME UNE IMAGE

Ce n'est rien de dire que la justice est parfois inefficace, partiale et irresponsable si on n'ajoute pas qu'elle est d'abord manipulée, instrumentalisée. Comme le disait le juge Jean-Pierre, elle est avant tout un instrument aux mains de la politique et de la presse qui prescrivent ce que doit être l'ordre moral au prétexte de l'ordre public. Encore le pouvoir politique a-t-il, dans cette mission, une sorte de légitimité. La presse, elle, n'en a aucune.

Un mariage contre nature

Car le pire des dangers qui guettent notre société, c'est bien cette terrible association de l'eau et du feu, des deux opposés que devraient être la justice et la presse. L'une est faite pour le calme, pour les précautions, pour le secret quand il est nécessaire, pour le discernement, pour la raison et la vérité. Rien que la vérité. L'autre ne vit plus que pour les passions, l'instantané, les nécessités commerciales, l'air du temps et l'abus de son propre pouvoir. Ces défauts, malheureusement inhérents aux médias en général, pouvaient être regardés autrefois comme les scories du journalisme écrit, comme les inévitables inconvénients de la démocratie. Avec l'avènement des médias audiovisuels, le défaut est devenu l'essentiel, la caricature s'est substituée au visage et la presse déchaînée donne libre cours à son pouvoir sans que personne n'ose plus s'y opposer. Un flot d'images nous submerge, l'information s'énonce en quelques mots rarement vérifiés, la vérité n'intéresse que si elle est sensationnelle ; si elle ne l'est pas, c'est le sensationnel qu'on transforme en vérité.

Et la télévision s'est emparée de la justice. D'abord pour y commenter les plus beaux faits divers judiciaires, et souvent pour les transformer en dramatiques théâtrales en y introduisant de faux suspenses, des coups de théâtre, des interrogations artificielles que la réalité n'aurait jamais osé créer.

« *Tous pourris !* »

La dernière catégorie de faits divers dont la presse moderne s'est faite le haut-parleur et le tribunal, c'est celle des affaires de corruption intéressant des hommes politiques. C'est un filon nouveau mais extrêmement fécond. Il fut un temps – on se souvient de l'affaire Aranda ou du scandale de la Garantie Foncière – où *Le Canard enchaîné* était presque seul à suggérer que les responsables politiques n'étaient peut-être pas tous des prix de vertu inaccessibles à la tentation et que ceux qui prétendaient avoir trempé leur héroïsme au feu de la Résistance trempaient quelquefois leurs doigts dans la confiture. Mais enfin, c'était l'exception : la classe politique était réputée honnête et le mélange des genres entre le combat électoral et la promotion immobilière ne choquait personne.

Autres temps, autres mœurs. Tous pourris, nous fait comprendre la télévision en ouvrant, certains soirs, son journal par une série de cinq ou six « affaires », entendez par là cinq ou six scandales impliquant des élus. La classe politique a sa responsabilité, qui n'est pas mince, dans cette évolution ; j'en dirai un mot. Mais personne ne croit pour autant que tous les élus seraient devenus corrompus en quelques années, alors que leurs prédécesseurs auraient tous été nimbés d'intégrité. La vérité est simple : disparus les grandes batailles idéologiques d'autrefois, l'affrontement inexpiable entre la gauche et la droite, le projet fou de « changer la vie », la politique n'est plus intéressante pour la télévision qui n'a pas le temps de l'analyse, le goût de la pédagogie ni le scrupule de la modestie. Il lui faut du chaud et du saignant, du facile. La politique n'est donc digne d'antenne que si elle est scandaleuse.

La presse a probablement découvert ces nouvelles règles commerciales par hasard, mais elle les a exploitées systématiquement. Puisque la mort de l'homme politique faisait vendre, il ne restait qu'à multiplier les exécutions publiques.

Du journalisme d'investigation et de ses méthodes

Éclipsée par l'image et la parole, la presse écrite ne s'est pas avouée vaincue. Elle s'est découvert une nouvelle fonction, celle d'auxiliaire de justice, qu'elle remplit avec un zèle tellement marqué qu'on ne sait plus, du juge ou du journaliste, lequel est l'auxiliaire de l'autre. Vous pourriez croire, à entendre parler les journalistes d'investigation, que vous avez affaire à de nouveaux Rouletabille, à des Tintin risquant leur vie quotidiennement pour déjouer le crime, traquer le criminel et faire éclater la vérité. La réalité est autre, et moins romanesque. Être journaliste d'investigation, cela signifie détenir un répertoire téléphonique plein de numéros d'avocats complaisants, de juges d'instruction indélicats, de greffiers ou de commissaires, bénéficier d'une allocation de frais suffisante pour inviter ses connaissances dans les restaurants huppés mais discrets, et ne pas s'encombrer de trop de scrupules quand il s'agit de violer la loi. C'est tout. On invite le juge à déjeuner ou un avocat bavard, et ce sont souvent eux qui nourrissent, qui livrent les informations, qui remettent les photocopies de procès-verbaux. En retour, on leur communique celles qu'on a obtenues de ses autres informateurs : c'est le dessert. Il peut s'y ajouter quelques convictions politiques communes : ce ne sont que les épices du repas partagé, rien de plus. Et voilà comment les journalistes « enquêteurs » peuvent prendre des airs de baroudeurs à la télévision, laquelle ne dédaigne pas ces confrères de la presse écrite quand ils sont établis dans le scandale et qu'ils y ont acquis un peu de notoriété. Si d'aventure l'affaire qu'on est chargé d'instruire dans son journal vient à somnoler, on la relance par de nouvelles « révélations ». Le journaliste dénonce, le juge punit, le lecteur lit, l'électeur s'indigne, et la classe politique subit.

Je ne nie pas que cette association contre nature de la carpe et du lapin ait permis la mise au jour de procédures ou d'investigations visant des hommes puissants, à l'époque intouchables. C'est la révélation dans les médias de certains scandales qui a permis aux magistrats concernés d'aller au bout de leur mission. Comme toujours, on est passé d'un excès de silence à un excès d'annonces.

Dans toutes les affaires judiciaires qui m'ont été imposées, j'ai été jugé par la presse bien avant que les juges aient ouvert le dossier. Les journalistes les moins hostiles écrivaient que j'étais assurément coupable mais sympathique et, somme toute, guère plus coupable que le reste des hommes politiques ou des chefs d'entreprise ou des présidents de club. Quant aux autres journalistes, l'ordinaire de la confrérie, ils avaient écrit tellement de fois que j'étais fini que la justice, si elle voulait continuer à bénéficier de leurs faveurs, n'avait plus qu'à ratifier leur pronostic. C'était écrit.

Parce que je dis ce que j'ai à dire, qu'on n'aille pas me prendre pour un de ces démagogues qui ont en horreur la justice et la presse. Une justice honnête me paraît tout aussi nécessaire qu'une presse libre. C'est affaire de démocratie. Mais l'association des deux pouvoirs ne produit que le bruit et la fureur. C'est la justice rendue aux arènes. Je respecte la loi, mais je n'accepte pas l'abus de pouvoir du juge. Je respecte la liberté de la presse, mais je ne me prosterne pas devant le journaliste. Tant pis pour moi. Je l'ai payé assez cher. Je suis décidé à payer encore pour pouvoir continuer à dire ce que je pense.

Quand M. Balladur était déjà Président

Tant qu'il ne s'agit que de vocabulaire, on reste dans le futile. Mais l'ambition de la presse est plus large : elle entend vous dicter ce que vous devez penser, et même vérifier ensuite que vous le pensez effectivement. Elle a, pour parvenir à ce résultat, ses techniques dont la plus efficace, bien que la plus sommaire, réside dans l'accouplement de la télévision et du sondage d'opinion. S'il s'agit de promouvoir la candidature de M. Balladur, on le montre dans toutes les grandes émissions politiques télévisées. Et même dans les petites, celles des petites chaînes qui sont bien obligées d'imiter les grandes. Je me rappelle avoir vu Édouard Balladur expliquer sur M6 qu'il était humain comme les autres et qu'il avait même redoublé sa troisième année de droit. Très fort. On montre donc le même personnage jusqu'à la satiété, comme pour la promotion du nouveau disque d'un vieux chanteur. Ensuite, l'institut de sondages choisi réalise, comme par hasard, une enquête pour mesurer la notoriété des hommes politiques de droite. Quel est le plus estimé ? Réponse étonnante : c'est M. Balladur. L'opération ne s'arrête pas là. Tandis que la promotion continue, l'institut poursuit, en exclusivité pour la même chaîne télévisée, ses enquêtes sur ce prodigieux Premier ministre à qui pourrait être donné un destin présidentiel. Évidemment, on ne demande pas aux personnes sondées : « Trouveriez-vous normal que M. Balladur, en abjurant la parole donnée à M. Chirac, soit candidat à l'élection présidentielle ? »

On demande plutôt : « Jugeriez-vous efficace pour la France que M. Balladur poursuive son action de redressement en se portant candidat ? » Nouvelle réponse stupéfiante : une majorité dit oui. Voilà M. Balladur intronisé candidat déjà presque élu président de la République.

Presque. Jusque-là, la manœuvre est un peu grossière. Il lui faut une caution extérieure, du sérieux. Le directeur de l'institut de sondages prend alors sa plume et publie dans *Le Monde*, le journal de référence, une longue analyse avec chiffres, graphiques et pourcentages, d'où il ressort que le candidat Balladur est déjà élu. L'affaire est entendue, réglée comme du papier à musique. Ce n'est plus une prévision, c'est le constat de l'inéluctable. On s'étonnera après cela que M. Balladur ait été étonné de n'être pas élu. La presse qui sait l'avait ordonné ; les citoyens qui ne savent rien ont désobéi. Cette affaire a eu bien d'autres épisodes mais je l'ai résumée pour dénoncer cet abus de pouvoir : la presse peut aujourd'hui émettre une idée, la marteler, la faire vérifier et l'imposer ensuite comme une vérité indiscutable.

La vérité si je mens !

Quand il s'agit de M. Balladur, chacun comprend bien la manipulation : la presse omnisciente veut à tout prix valider les pronostics qu'elle a émis en fonction des intérêts qu'elle a à les émettre. J'ai été, d'une certaine façon, victime du même phénomène. A Balladur on promettait le succès, à moi l'échec. Ils étaient des dizaines de journalistes à annoncer ma chute depuis des années. Mon écroulement, ma ruine, ma fin, avaient été réellement annoncés et tardaient tellement à se produire qu'il fallait y prêter la main. Ainsi s'expliquent les prétendues révélations de certains journaux quant au cadeau que le Crédit Lyonnais m'aurait fait, les appels au meurtre de pauvres plumitifs invitant le tribunal de commerce à ratifier leurs prévisions et à montrer son indépendance en me déclarant failli, la complaisance avec laquelle les mêmes ont recueilli les chiffres de mes pseudo-dettes envers le fisc ou ma banque. La vérité n'avait aucune importance ; ce qui était important, c'était de fabriquer la nouvelle « vérité » conforme à leurs annonces, à leurs attentes et aux desiderata de leurs amis.

Je ne suis évidemment pas la seule victime de ces trucages. Le premier lésé est celui qu'on prétend informer, en l'occurrence le lecteur ou le téléspectateur dont on forge littéralement l'opinion. Un exemple récent vous persuadera de la réalité de ces pratiques si vous n'êtes pas déjà persuadé. Au début d'avril 1997, M. Juppé, aux abois politiques, parvient à décider M. Chirac à dissoudre l'Assemblée nationale. Il n'y a pas de motifs, pas d'opportunité, pas d'utilité. Ce que les Français sentent bien puisque, dans une proportion de 70 pour cent, ils répondent aux instituts de sondages qu'ils sont hostiles à une dissolution. Pendant deux semaines, les sondages vont se multiplier, avec une modification progressive des questions. Après un long travail de préparation, les journaux qui ont lancé cette opération en accord avec l'entourage du Premier ministre annoncent la nouvelle : la dissolution de l'Assemblée nationale est inévitable, puis elle devient imminente et pour finir logique ; elle sera même présentée comme un remarquable « coup » politique. Le 21 avril, le président de la République, convaincu par la presse et par les sondages, annonce sa décision personnelle, qui se trouve par hasard coïncider avec les souhaits émis par les électeurs : l'Assemblée est dissoute. On connaît la suite. Et je suis à peine étonné d'entendre les mêmes journalistes, les mêmes chroniqueurs, les mêmes sondeurs, les mêmes blablateurs nous expliquer aujourd'hui, avec beaucoup de lucidité et de pertinence dans l'analyse, pourquoi la dissolution était inopportune et les élections impossibles à gagner par la droite. Quoi qu'ils aient dit ou écrit, ils sont toujours contents d'eux. Forts de leur infaillible intuition.

Dieu merci, tous ces politologues, prescripteurs d'opinion, sondeurs et éditorialistes n'ont cependant qu'un pouvoir généralement limité à leur métier et à la sphère d'influence restreinte qu'il leur donne. Mais il existe, dans notre République dont l'égalité est un principe constitutif, des gens qui réunissent tous ces pouvoirs à la fois et y ajoutent une autorité intellectuelle et des moyens financiers.

L'anti-Tapie

J'ai pris connaissance, ce matin, d'un jugement d'un tribunal de l'ouest de la France qui a condamné à cinquante mille francs d'amende, pour injure, un journaliste qui avait désigné un jeune chef d'entreprise comme étant « le Tapie local ». Ce changement radical sur l'appréciation du qualificatif « Tapie » me laisse sans voix. Souvenez-vous en effet, il n'y a pas si longtemps, pour souligner le caractère dynamique, énergique, entreprenant d'une personne jeune ou moins jeune, homme ou femme, on le dénommait volontiers le « Tapie de Brest ou d'ailleurs ». C'est aujourd'hui devenu une injure punissable que de se faire traiter de « Tapie local ». J'ai donc cherché ce matin à qui il faut ressembler pour mériter de nouveau un qualificatif élogieux en remplacement du mien. Plusieurs noms, bien sûr, me sont venus spontanément à l'esprit, j'ai choisi, parmi ces décideurs privilégiés, ces omniscients jamais pris en défaut, de n'en citer qu'un seul. Tout d'abord parce que je ne le connais pas personnellement, je n'ai aucune raison de lui en vouloir, et il résume à lui tout seul assez bien tous les autres. Je veux parler d'Alain Minc.

Vous ne connaissez pas M. Alain Minc ? Rassurez-vous, personne ne le connaît. Je veux dire personne dans notre monde. Cela ne l'empêche pas d'aller tous les six mois à *7 sur 7* donner sa vision du monde. Ni de publier, chaque année, un nouvel essai pour contredire les analyses catégoriques qu'il avait proposées quelque temps avant. Comme il est à la mode, ses livres ont plus d'acheteurs que de lecteurs, ce qui explique que vous ne les ayez pas lus. Dommage pour vous car M. Minc a un avis sur tout, sur la France, sur l'Europe, sur les relations internationales, sur le travail, sur le monde, quoi... Et pas de ces avis simplistes, ou même simplets, auxquels on tient par une conviction dénuée de brio. Il nourrit des opinions sophistiquées, paradoxales, passionnantes, auxquelles on reconnaît son génie. Il se dit de gauche mais il est contre le Smic et pour la flexibilité du travail. Il tient à faire savoir qu'il ne vote pas comme tout le monde : Balladur au premier tour, Jospin au second. Quand tous les observateurs prévoient l'effondrement de l'URSS, il sait, lui, en repérer la montée en puissance et nous prévenir contre le danger qu'elle représente pour l'Europe de l'Ouest. Il y a de l'ampleur et de la prophétie dans les analyses de M. Minc. Les plus anciens d'entre nous se rappellent Geneviève Tabouis et ses « Attendez-vous à savoir » assez triviaux. Alain Minc a renouvelé le genre et il l'a anobli. Pour autant, il ne se cantonne pas au domaine de la politique nationale et internationale où il excelle si manifestement. C'est un touche-à-tout brillantissime. L'un de ses célèbres employeurs qui avait pris pour argent comptant ses conseils a perdu des milliards, un peu comme le général Custer pris au piège du défilé de Little Big Horn. D'ailleurs, M. Minc a quelque ressemblance avec Dustin Hoffman. Mais pour les idées, il constitue une sorte d'hybride d'Antoine Pinay, de Jacques Julliard et de Mère Teresa. Je sais, c'est difficile à se représenter. Mais le génie est ainsi fait qu'il ne se laisse pas facilement voir par ses contemporains. Faites l'effort, cela en vaut la peine.

Pour vous aider, je prendrai une comparaison dont le manque de modestie fera hurler. Je suis confus mais je ne saurais pas mieux dire : Alain Minc, c'est l'anti-Tapie. Il est aussi chic que je suis vulgaire, aussi bien éduqué que je suis mal élevé. J'ai fait sans passion des études sans panache. M. Minc a tellement été premier de toutes les grandes écoles françaises qu'il a dû s'exiler à l'étranger pour en faire encore une ou deux autres. Je passais sottement mes soirées chez moi, au milieu de ma famille, quand il brillait de mille feux dans ces clubs « happy few » où la gauche et la droite convergent en de graves méditations sur la condition ouvrière. Je suis en prison ; il est au pinacle. Je suis une « grande gueule » ; il est presque inaudible. Je suis violent ; il a des manières exquises. Si vous voulez définir le bon et le mauvais goût, prenez lui et moi : nous ne sommes pas du même monde... Il m'est même arrivé de penser qu'Anne Sinclair ne m'invitait à *7 sur 7,* après lui, que pour souligner ce contraste et édifier ainsi le téléspectateur. M. Minc pousse d'ailleurs la coquetterie jusqu'au détail : je suis bêtement ancien ministre ; il a le talent d'être toujours annoncé comme futur ministre.

Plaidoyer pour la différence

Vous l'aurez compris, M. Minc incarne jusqu'à la caricature tout ce que je trouve insupportable dans le concubinage entre la presse, la politique et certains intellectuels ou présumés tels. Il a des imitateurs, des émules et des disciples : le président de ma banque, un ou deux patrons d'institut de sondages, quelques sociologues « décloisonneurs », un ancien conseiller du président de la République, les avocats de ma banque, un ex-directeur de cabinet du ministre des Finances, un journaliste économique du *Figaro*, deux ou trois patrons bénis des dieux médiatiques, etc. Même s'il les admet dans les clubs très distingués qu'il anime, aucun ne lui arrive à la cheville. M. Minc n'incarne pas la pensée unique, il est la pensée à lui tout seul.

En réalité, la pensée unique, si bien dénoncée par Jean-François Kahn et quelques autres à sa suite, n'est que le volet de la résignation politique nationale à cette uniformité que je soulignais en commençant : communication universalisée, fatalisme économique généralisé, nivellement culturel consenti, libéralisme mondial faute d'idées, inégalités acceptées et même encouragées, matérialisme et consumérisme érigés en valeur. C'est la primauté de l'économie et de la technique sur la politique et la culture.

Comme les trous noirs des astronomes, l'image de notre monde est en train d'aspirer la réalité des autres mondes, leurs différences, leurs vies singulières, leurs résistances, leurs traditions et leurs cultures. Voilà le crime dont la presse est, sinon coupable, du moins complice. Voilà pourquoi je ne veux pas jouer son jeu.

Mea culpa

On me dira que je l'ai beaucoup joué. C'est vrai. Plus qu'un autre, j'avais besoin des images de ma réussite pour l'accréditer. A celui qui n'est pas né avec une cuillère en or dans la bouche, il faut peut-être plus d'adaptation aux mœurs de son époque. J'ai compris assez vite que l'image importait désormais plus que la vérité. Qu'on devenait riche en ayant l'air riche. Qu'on était puissant dès lors que tout le monde croyait qu'on l'était. Qu'une idée chuchotée n'atteignait que quelques personnes tandis que la même idée amplifiée par les médias en touchait des millions. La nature m'avait donné quelques petits talents de communication, j'en ai usé, j'en ai abusé, je m'y suis grisé, je m'y suis fait piéger et j'en suis le seul responsable. J'ai tellement contribué à l'élaboration de mon image que j'ai passé une partie de ma vie à tenter de lui ressembler. Tout cela est vrai. C'est bien là ma faute.

Mais, contrairement à ce que j'ai lu et entendu, je n'ai pas existé grâce à la presse. J'ai figuré par moi-même dans les émissions de télévision dont le principe me plaisait et, dès ces premières apparitions, la presse classique – qu'elle ait été écrite ou radiotélévisée – m'est tombée sur le dos à bras raccourcis. Elle a ensuite exploité tous mes faits et gestes comme un « sujet » qui faisait vendre.

Les médias m'ont consommé comme ils se nourrissent de tout ce qu'ils touchent. Je me suis cru assez malin pour pouvoir les utiliser pour ce qu'ils sont, une simple technique, et ils m'ont vampirisé comme un excellent filon commercial. Brillant hier, ruiné aujourd'hui, je continue à assurer leur audience. Je fais partie d'une troupe de théâtre dont j'ambitionnais d'être le metteur en scène. Ce soir, je refuse de jouer, je ne veux pas mourir sur les planches.

Un de mes amis, patron de TV mais véritable ami malgré tout, confiait à une de nos relations communes ce jugement mi-figue mi-raisin : « Tapie, c'est une Ferrari qui n'aurait pas de freins. » C'est un beau compliment et un constat terrible tout à la fois. Je choisirai une autre comparaison, celle du skieur qui prend la pente et ne peut conserver l'équilibre que s'il va de plus en plus vite. A un certain niveau de vitesse, il ne contrôle plus ses skis, mais, miracle, il tient encore debout et se laisse soûler par l'air glacé qui le fouette plus fort d'instant en instant. Plus fort, plus vite, plus loin. Ce sont ses skis qui décident de la trajectoire qu'il va suivre. On imagine la fin...

Je ne suis pas à la fin, j'ai fait une chute. Une chute lourde mais pas mortelle. Je suis passé, pour de vrai, de la lumière à l'ombre. Littéralement. De l'excès de lumière à l'ombre la plus sombre. De la gloire au cachot. Il n'importe plus guère ici de savoir si l'une et l'autre étaient méritées, puisqu'on me dit aujourd'hui que je devrais retrouver, dans quelques semaines ou dans quelques jours, la lumière naturelle. Je sais seulement qu'on ne m'y reprendra pas.

X

IRRESPONSABLES ET COUPABLES

J'ai vécu ces longs mois dans une petite société fermée, terriblement difficile. Certes, il s'agit d'une société très particulière, mais elle a ses lois, ses codes, ses pouvoirs et ses abus de pouvoir, ses phases de léthargie et ses moments de révolte ; elle ressemble bien plus qu'on ne pourrait le croire à la vraie société, la grande, celle qui envoie en prison les récalcitrants à ses règles. Et le petit monde ainsi recréé n'est somme toute guère différent de celui qu'elle se donne pour modèle.

Comme au-dehors, on rencontre des types bien et de franches crapules. Simplement, les traits de caractère sont soulignés car tout est caricatural dans le monde carcéral. J'ai eu ainsi affaire à deux ou trois crétins de l'administration pénitentiaire qui ne dissimulaient guère leurs idées – mais faut-il parler d'idées ? – Front national et qui venaient compenser en prison leurs frustrations du dehors. Dans l'ensemble, cependant, les surveillants se sont montrés humains, soucieux de prévenir les crises chez les détenus, appliqués à faire respecter les règles sans en rajouter. Les gendarmes d'Aix-en-Provence et les policiers de Marseille qui se sont occupés de mes transferts ont veillé eux aussi, lors des poursuites par les journalistes, à ne pas ajouter l'humiliation à l'incarcération. Je les en remercie du fond du cœur.

J'ai même sympathisé avec un chef de bloc, à Luynes, un homme au tempérament peu commun. Il est à la fois le plus dur et le plus permissif de l'établissement. En jouant toujours avec les limites de la réglementation sans jamais en trahir l'esprit, il essaie de responsabiliser aussi bien ses collègues que les détenus, démarche difficile dans ce monde où la déresponsabilisation est reine. Évidemment, les libertés qu'il octroie paraîtraient minces, vues de l'extérieur : une cigarette à celui qui est au cachot, un douche de plus que le contingent hebdomadaire à un prisonnier, tel autre passe-droit minuscule à l'homme qu'il sent fragile, etc. Ce n'est presque rien mais cela rétablit un peu d'humanité et comme une sorte de pacte social dans un lieu où la loi est celle de la violence.

Un nouveau directeur a été nommé à Luynes où s'est installé sinon le laisser-aller du moins une liberté relative peu compatible avec l'ordre pénitentiaire. A juste titre sans doute, le nouveau patron, intelligent et autoritaire, a voulu « resserrer les boulons »; cette volonté affichée, bien plus que les premières restrictions imposées, a mis la prison en début d'effervescence. Mon bloc, où se trouvaient cent cinquante détenus prêts à se déchaîner, n'était pas le dernier à s'insurger. J'ai vu alors le surveillant-chef arrêter la crise, appliquer les nouvelles mesures avec doigté, faire son travail sans excès de zèle, et désamorcer, par une simple présence humaine, la

Irresponsables et coupables

colère qui montait. Finalement, la révolte n'a pas eu lieu, mais j'ai pensé que ce travail de définition des lois propres à une société et d'application circonspecte des lois qu'on a ainsi définies n'était pas très différent de la responsabilité politique qui m'a tellement fasciné par le passé.

Je n'ai pas été trop prudent, on en conviendra, en évoquant la justice et la presse qui peuvent pourtant décider, chacune avec ses armes, en partie de mon avenir. Au moins devrais-je être plus habile pour évoquer la classe politique dont on me dit qu'elle pourrait aussi, dans l'avenir, me pardonner ou me condamner. Je ne le serai pas.

Une des personnalités mises en cause dans l'affaire du sang contaminé estimait, pour sa défense, qu'elle était « responsable mais pas coupable ». Difficile d'évaluer les dégâts qu'une telle affirmation a pu faire dans l'opinion. Elle a contribué à éloigner les citoyens de la politique ; elle a jeté un voile de suspicion sur tous les élus, même sur les meilleurs ; elle a alimenté l'appétit pour les scandales politico-financiers ; elle a apporté des courants d'eau putride au moulin du Front national. Responsable mais pas coupable !... Comment peut-on dire une telle ineptie ? En politique, quand on accepte une fonction, on s'expose à être coupable des dysfonctionnements. Et, je l'ai dit à propos de l'OM, ce qui est vrai en politique est vrai ailleurs : j'étais responsable de l'Olympique de Marseille, j'ai assumé les fautes commises au sein de mon club. Je crois surtout que la fameuse phrase de Mme Dufoix – qui n'est personnellement en question que par sa maladresse, tellement chacun sait qu'il s'agit d'une femme honnête – était l'exact contraire de la vérité : de tous les maux actuels de notre société, les dirigeants politiques sont coupables parce qu'ils se sont montrés irresponsables.

Deux souvenirs récents

Mai 1997, j'ai bénéficié d'une permission de sortie pour un week-end à passer avec ma famille. Dans une rue de Marseille, je m'arrête pour acheter du pain. Lors de ces toutes petites parenthèses de liberté, on fait plus attention aux moindres gestes de la vie quotidienne : c'est bien d'aller acheter son pain. Dans la boulangerie, surgissent deux gars en uniforme de leur génération : casquettes de rappeurs posées à l'envers, survêtements plutôt chics, Adidas dont je sais le prix. A peine entré, l'un d'eux me lance : « Salut Bernard !... Tu me reconnais pas ?... » Non, je ne le reconnais pas. Il se situe : « C'est moi, Untel... Tu te souviens, je t'ai croisé au parloir... C'est moi qui avais... » Suit le rappel du méfait énorme qui lui avait valu la prison. Il est content de me voir mais ne s'attarde pas pour autant. « Bon, ben salut, à la prochaine ! » Je me surprends à espérer que « la prochaine » ne sera pas au parloir d'une prison. Je suis arraché à mes pensées par le boulanger : « Dites, monsieur Tapie, les deux jeunes, là, ils étaient avec vous ?... Non ?... Les salauds ! Ils m'ont piqué des gâteaux. Ils ont pas payé !... » Sur le coup, j'ai franchement envie de rire. Des voleurs de paris-brest et de religieuses en dangereux criminels, c'est plutôt cocasse. Et puis je pense au destin de ces jeunes. Ils ont eu une prison pour maison et la vraie prison comme horizon. Ils ne voient peut-être pas de différence entre le port d'armes et le vol à l'étalage. La société les a condamnés avant leur premier méfait, mais le premier ne sera pas le dernier. Pourtant, rien de tout cela n'est inévitable.

Janvier 1994, quelque part du côté de Toulon, dans une cité de La Seyne, ville encore rigoureusement quadrillée par le parti communiste tandis que la vague d'extrême droite monte déjà aux alentours. Un soleil froid, comme aiguisé par le vent. Des gosses qui jouent au basket derrière un grillage troué. Des immeubles pensés comme des clapiers. Des cages d'escaliers qui disent la misère et le désœuvrement. Un parking où seule une épave calcinée tient compagnie aux toxicos qui y passent la nuit. Des transports urbains qui se tiennent à distance respectable du quartier. Des policiers dont on ne sait plus guère s'ils viennent là pour la prévention ou pour la provocation. Chômage. Pauvreté. Détresse. Et quand même des rires d'enfants. Et quand même un adolescent grande gueule qui veut changer tout ça. Et quand même deux femmes, Awa la Sénégalaise et Nelly la Zaïroise, qui ont monté une association pour l'entraide, pour le petit restaurant collectif, pour le soutien scolaire, pour la chasse aux dealers, pour tout ce qu'elles auront la force de faire. Elles ne demandent rien, pas de subventions, pas d'allocations. Seulement un peu de considération : elles veulent qu'on les écoute. Ce jour-là, il m'a semblé que le soleil d'hiver s'était tout à coup un peu réchauffé.

De la banlieue aux banlieues

Les femmes et les filles des cités sont aujourd'hui presque les seules à tenir le tissu social, à faire respecter une norme morale et réglementaire, à créer des services collectifs. Elles sont la loi, l'État et le bien public. Sans formation, sans expérience et, quelquefois, sans espérance. Qui dira le courage des Leïla, des Fatima, des Amina qui suivent leurs propres études, surveillent celles de leurs frères et sœurs plus jeunes avant d'assumer les tâches domestiques ? Elles ont tout à faire et aucun pouvoir pour le faire. Et pendant ce temps, le pouvoir politique, le vrai pouvoir, laisse s'accumuler les explosifs et les armes qui provoqueront peut-être la déflagration tant redoutée.

Les banlieues françaises seraient un cas d'école si le mot « école » y avait encore un sens. C'est un sujet que je connais un peu : j'en viens et, à l'époque, on disait la banlieue, au singulier, car elle était uniforme, faite, pour l'essentiel, de petits pavillons ouvriers. On la regardait comme une étape dans la mobilité géographique et sociale qui amenait les ruraux à Paris. Elle finissait par se constituer en culture de la solidarité, des luttes ouvrières, de la pratique sportive, de la petite propriété privée, de l'ascension sociale aux objectifs modestes. C'était un monde ; on était fier d'en être, même contre les « Parisiens, têtes de chien, Parigots, têtes de veau ». Je n'y ai que de bons souvenirs.

Sont venues les politiques d'aménagement, d'urbanisme et d'immigration des années 60 et 70, sont venus les dirigeants irresponsables, est venue régner sans partage la quantité qui supplantait la qualité : toujours plus de logements dans les barres et les tours des cités, toujours plus de postes de travail non qualifié sur les chaînes de montage, toujours plus d'autoroutes et de transports urbains pour « décongestionner » la région parisienne. Un technocrate, spécialiste des villes nouvelles, déclarait vers 1970 qu'au-dessous de 150 000 habitants une agglomération ne « fonctionnait pas » ; j'imagine qu'il a dû recevoir une promotion, lui aussi, comme prix de son désaveu catégorique par la réalité.

L'immigration encouragée sans contrôle par les négriers modernes avait déjà créé des regroupements communautaires : ici les Algériens, là les Sénégalais, là-bas les Antillais. Entre eux, les immigrés appellent Montreuil « Bamako-sous-Bois ». Avec la crise pétrolière, chute de la croissance, du productivisme et des incantations à la quantité : les communautés deviennent des ghettos dont on ne sort plus. L'emploi se raréfie, disparaît. Les budgets publics ne peuvent plus assumer à la fois la charge de la solidarité et celle des services collectifs. L'immigré devient bouc émissaire après avoir été exploité. Dans son désarroi, la société française écoute les démagogues : le Front national supplante, avec des implantations géographiques presque identiques, le parti communiste qui n'est pourtant pas le dernier à lui emboîter le pas. Les banlieues sont devenues l'endroit de toutes les violences : celles des individus contre eux-mêmes, avec l'alcoolisme dans les milieux populaires et la drogue chez les plus jeunes ; celles des individus entre eux, avec les vols, les agressions physiques, les guerres entre bandes devenues gangs ; celles des individus contre la société, avec les déprédations, les pillages, les incendies volontaires ; celles de la société contre les individus, avec le racisme quotidien, la répression policière et judiciaire. C'est une énorme bombe à retardement posée désormais aux portes de toutes les grandes villes françaises. Et j'ai vu, lors d'une tournée politique, des agents de la force publique fiers d'avoir constitué, dans leur commissariat, une brigade anti-violence urbaine dont le sigle était « Bavure »...

Et la loi ? Et la République ? Et la liberté ? L'égalité ? La fraternité ? Comment croyez-vous que le pouvoir politique réagisse, face à cette situation explosive qu'il a lui-même créée ? Il fait exploser, précisément. Il convie la télévision à assister au dynamitage en direct des tours gigantesques, des immeubles inhumains que son irresponsabilité avait conçus et que, peut-être, un peu d'imagination et de confiance aurait permis de réhabiliter en créant des emplois. C'est un beau spectacle, en effet, que celui de la disparition de ces barres et de ces tours : on avait mis trois mois à les construire, on avait passé trente ans à le regretter ; il ne faut que trois secondes pour les détruire.

J'aurais pu choisir mille autres exemples que celui des banlieues pour démontrer l'irresponsabilité totale et la culpabilité radicale des pouvoirs politiques successifs et successivement donneurs de leçon. J'aurais pu évoquer le reste des choix d'aménagement du territoire, la désertification rurale et les grandes options de la politique industrielle. J'aurais pu parler de l'inégalité fiscale. De la faillite de notre Sécurité sociale. J'aurais pu décrire les résultats d'une agriculture qui détruit et brûle ses excédents quand des millions de gens ont faim jusque dans notre pays. J'aurais pu comparer les difficultés d'un ménage, pour s'équiper, ou d'un artisan, pour se développer, lorsqu'il s'agit d'obtenir le plus modeste crédit, et la facilité avec laquelle certaines administrations ou certaines entreprises publiques engloutissent des centaines de milliards. J'aurais pu montrer comment les grands groupes du BTP ou les sociétés d'eau et d' « assainissement » détournent, grâce à leurs complicités publiques, des sommes plus faramineuses encore. J'aurais pu, surtout, vous peindre le tableau d'une école faite pour éduquer les esprits et les consciences dans le cadre de la devise républicaine, de cette école à qui on demande aujourd'hui de remplacer à la fois la famille et l'entreprise, de cette école où la loi commune ne s'applique plus, de cette école devenue le lieu d'apprentissage de la violence, du racket et du trafic de drogue.

J'ai choisi de parler des banlieues parce que je les connais : je connaissais la banlieue parce que j'y étais né ; je connais nos banlieues modernes parce que j'ai été ministre de la Ville et que je ne m'en étais jamais vraiment éloigné. Entre la banlieue de mon enfance et les cités d'aujourd'hui, il y a la même différence qu'entre un mauvais garnement et un voyou. Enfant, j'étais un mauvais garnement ; quand je suis devenu un élu, puis un ministre, on a voulu me faire passer pour un voyou. J'avais quelques idées sur la ville, sur les banlieues, sur les habitants. J'en ai mis quelques-unes en œuvre. J'ai créé des maisons des citoyens, rapidement devenues foyers, écoles, familles, pour les jeunes démunis. J'ai tenté de ramener la sécurité dans les établissements scolaires, simplement en y affectant de jeunes appelés du contingent ; on m'avais promis l'échec et j'ai été débordé par le nombre de volontaires. J'ai monté un programme pour que des milliers d'enfants qui n'étaient jamais partis en vacances puissent y aller, au moins une fois. Avec des collaborateurs pas trop conformistes mais assez inventifs, j'ai bricolé dans les procédures et les financements pour essayer de rendre possible tout ce qu'on disait impossible.

J'y ai été aidé par ceux qui, expérience ou intelligence, ou les deux, avaient vu l'acuité du problème posé à notre société : Pierre Bérégovoy l'ouvrier au grand destin, Pierre Joxe le rigoureux au grand cœur, Marcel Debarge le maire du Pré-Saint-Gervais si proche des lieux de mon enfance, quelques autres aussi. Mais pour la plupart d'entre eux, de gauche ou de droite, les « responsables » politiques n'avaient rien compris, rien vu venir. Pouvaient-ils comprendre ?

De la lutte des classes à la lutte des castes

Il fut un temps, pas si éloigné, où l'on pouvait demander des comptes aux pouvoirs. La Chambre des députés renversait le gouvernement. Les bureaux obéissaient aux élus. Le pouvoir politique querellait les « 200 familles » du pouvoir économique. La presse dépendait de ses lecteurs car elle ne vivait pas encore de la publicité ou des marchés publics. Et, à la fin, l'électeur pouvait choisir entre des visions différentes, quelquefois utopistes, de la société et de l'avenir qu'elle lui proposait.

Cette époque-là est révolue. Le pouvoir n'est plus critiquable. D'abord parce que, dans le cas de l'économie ou de la presse, il est presque toujours anonyme, quelquefois transnational et impossible à identifier. Savez-vous qui est le véritable patron de votre journal si vous êtes abonné, ou de votre entreprise si vous êtes salarié ?

Surtout, il est impossible – et, d'ailleurs, interdit – de critiquer le pouvoir politique, car il n'est pas exercé par ceux qui en assument l'image à la télévision. Les élus n'ont qu'un seul chemin à suivre, celui de la politique dictée par les contraintes économiques, techniques, budgétaires, internationales, etc. Ils ne sont plus les auteurs des choix, ils sont les commis des techniciens. Les partis politiques étaient des fabriques d'idées et de projets ; ils sont devenus des écuries présidentielles et des usines à produire des candidats pour les autres niveaux : nul n'est plus militant s'il n'est élu ou en passe de l'être. Je me rappelle, par l'exemple de mon père, l'époque où le parti communiste réunissait des copains qui croyaient à des mots d'ordre un peu simplistes, mais qui voulaient changer la société : le parti, avec le stade, faisait vivre quotidiennement l'idéal de fraternité. Il était à la banlieue ce que le Racing était au XVIe arrondissement et la franc-maçonnerie à la bourgeoisie libérale. Aujourd'hui, le parti communiste est au gouvernement pour y pratiquer la protestation institutionnelle. A la même époque ancienne, celle de la guerre froide, les syndicats développaient des visions différentes du monde et de l'organisation sociale. Désormais, ils défendent les intérêts de leurs adhérents, quels que soient l'intérêt et l'adhérent. Mieux vaut défendre le salaire du pilote d'avion, deux fois plus payé que ses collègues des autres pays, plutôt que de se battre pour les indemnités de trois millions et demi de chômeurs qui sont les seuls à ne pas participer à la gestion de l'assurance-chômage. Pour le reste, les représentants des syndicats, ouvriers ou patronaux, dont certains cadres n'ont pas travaillé dans une entreprise depuis plus de trente ans, se partagent les organismes de sécurité sociale et le pouvoir de paralyser le pays, jamais celui de le faire avancer.

Assemblée, élus, partis, syndicats, le pouvoir n'est pas là. Il est dans les mains d'une caste de hauts fonctionnaires omnicompétents. Avec Polytechnique, l'École des mines, celle des ponts et chaussées, l'École nationale d'administration et quelques autres, la France possède un système de formation de ses hauts fonctionnaires que le monde entier, paraît-il, nous envie. J'ai toujours entendu cela. J'ai voyagé dans le monde entier et n'ai guère entendu s'exprimer cette envie. Qu'importe, le problème n'est pas là. On peut estimer que les grandes écoles de la fonction publique sont tout à fait adaptées à la formation de fonctionnaires de très bon niveau ; cela semble naturel. Ce qui l'est moins, c'est la perversion du système : ceux qui devraient diriger les bureaux de l'administration dirigent désormais les administrations elles-mêmes, les cabinets ministériels, le gouvernement, les partis politiques, les grandes entreprises publiques et même les grandes entreprises privées. Ils savent aujourd'hui tout faire. C'est, du moins, ce qu'ils pensent et ce qu'ils disent.

Il en résulte plusieurs conséquences gravissimes pour notre pays. L'administration, d'abord, n'appartient plus à la communauté nationale ; elle appartient à ses dirigeants et à quelques catégories professionnelles. Ainsi le ministère de l'Agriculture est-il la propriété exclusive du corps des Eaux et Forêts et d'un syndicat, la FNSEA. Le ministère de l'Équipement appartient aux Ponts et Chaussées, celui de l'Industrie au corps des Mines, ceux de l'Économie et du Budget à l'inspection des Finances, etc. Et le bien public dans tout cela ? Vous n'y êtes pas. Il ne s'agit pas de l'intérêt général que vous êtes réputés incapables d'apprécier. Le bien commun ne peut être repéré que par l'administration, laquelle est dirigée par la haute fonction publique, par une hiérarchie que ni le Moyen Age ni l'Ancien Régime n'auraient osé imaginer.

Deuxième conséquence : on applique à toutes choses, aux charbonnages comme au transport aérien, à la télévision comme à l'activité bancaire, les règles de la fonction publique et, spécialement, celles, malthusiennes et désastreuses, de la comptabilité publique. Dans ce système, lorsqu'on a un déficit d'exploitation, on procède comme pour le budget de l'État : on n'essaie pas d'augmenter les recettes par des efforts de production ou de commercialisation puisque les recettes sont données *a priori* et intangibles, on comprime les dépenses pour retrouver l'équilibre. C'est-à-dire qu'on supprime des emplois, des services, des activités et qu'on creuse bien plus sûrement le déficit. Que ce mécanisme aboutisse à de retentissantes faillites comme celles qu'on a connues dans le secteur public ou dans le secteur privé contrôlé par des hauts fonctionnaires n'a aucune importance ni aucune conséquence pour les intéressés : l'entraide qui caractérise les grands corps de l'État protège leurs membres contre tous les contrôles, la réputation de compétence qu'ils se sont eux-mêmes fabriquée les met à l'abri de toutes les critiques, l'irresponsabilité administrative les garantit contre toutes les poursuites, la double pratique du pantouflage et de la protection statutaire leur promet même une promotion administrative ou de nouvelles proies dans le monde de l'entreprise. Voilà le système que le monde entier nous envie...

Ajoutez à cela que les omniscients de la chose publique ont désormais presque tous la même origine sociale, qu'ils reçoivent la même formation, qu'ils ont le même langage, les mêmes habitudes, les mêmes idéaux, les mêmes lieux de vacances, et vous comprendrez, à la fin, pourquoi le citoyen, désemparé devant ces castes illégitimes et intouchables, a le sentiment qu'il y a beaucoup moins de différence entre un énarque de droite et un énarque de gauche qu'entre un énarque et lui. Car la gauche n'est pas la dernière à sacrifier à ce système ; par sa conception de l'administration et du service public, elle y est même plus portée que la droite. Mais la gauche de pouvoir, celle des académies de la gauche, n'est pas du tout heurtée dans ses principes par la nouvelle hiérarchie du pseudo-savoir qui a remplacé la hiérarchie de l'avoir, par l'arrogance des classes dirigeantes, par leur éloignement des préoccupations populaires quotidiennes. Comme le dit, à sa manière talentueuse et vinaigrée, un ami resté cher et que j'aime, Guy Bedos : « C'est pas parce qu'on est prêt à mourir pour le peuple qu'on est prêt à vivre avec... »

Tel inspecteur des finances qui dirigeait un cabinet « de gauche » a été convaincu de délit d'initié, et plastronne aujourd'hui sur la place financière de Paris avec l'argent des autres. Tel chargé de mission au ministère de la Communication a représenté l'intérêt public lors de la privatisation d'une entreprise et se trouve aujourd'hui chargé des relations publiques de ladite entreprise. Tel banquier – mais peut-être vous en ai-je déjà parlé – a tellement accumulé de pertes dans les aventures immobilières de la compagnie d'assurances qu'il dirigeait qu'on lui a confié le redressement d'une banque ruinée par la spéculation immobilière. Tel inspecteur des finances a tellement bien surveillé cette banque et quelques autres qu'on l'a mis en charge de la politique monétaire de la France, etc. Je n'en finirais pas d'aligner les exemples du fonctionnement assez ahurissant de la caste la plus antidémocratique que la France ait jamais connue.

Dans cette caste de clones interchangeables, il reste étonnant que quelques figures parviennent tout de même à émerger. C'est le mystère de la nature humaine. Prions pour que ce soient ceux-là que le hasard, les circonstances et éventuellement les électeurs, choisissent pour diriger la France. Les épreuves qui nous attendent, croissance ou pas, sont terribles. Dès lors que des millions et des millions de gens n'ont aucune chance de voir leur situation désastreuse s'améliorer, le temps des querelles partisanes et stériles devra forcément être remplacé par une envie farouche et déterminée de travailler ensemble, tous ensemble. Les chefs d'entreprise, les syndicats, les administrations, les politiques... Tout le monde devra y mettre du sien, sinon la voiture-balai de notre société, celle qui ramasse tous ceux qui n'ont pas pu suivre le train du peloton, grossira. Et le Front national prospérera.

Le cas Le Pen

Il est difficile de représenter le peuple quand on en est, dans les faits, aussi éloigné que nos grands prétendants. Pour autant, il ne suffit pas de « faire peuple » pour revendiquer l'exclusivité de l'expression populaire.

C'est pourtant à cette embrouille que se livrent, depuis pas mal de temps et avec pas mal de succès, M. Le Pen et son Front national. Dans la réalité, M. Le Pen vit comme un nabab dans une propriété qu'il doit à un héritage semble-t-il douteux, entouré de vieilles marquises royalistes et de bourgeois obsessionnels. Il manie l'imparfait du subjonctif comme un perroquet et détiendrait, à ce qu'on en dit jusque dans son entourage, de confortables comptes bancaires en Suisse. Malgré cela et certains archaïsmes d'avant 1789, M. Le Pen prétend représenter le peuple. Le peuple français, entendons-nous.

Je crois qu'il a convenablement diagnostiqué la crise de notre régime politique – celle que j'ai appelée lutte des castes – à défaut d'avoir compris quelque chose à la société. Alors, il joue un rôle, le même, il faut lui reconnaître cette constance, depuis plus de quarante ans. C'est un comédien. D'abord, il joue au lutteur de foire. Il est en lutte contre l'« établissement politique », alors que tous ses lieutenants en sont directement issus. Il est en lutte contre l'invasion par les Arabes mais, quand il révèle sa nature, il vole au secours de Saddam Hussein car ses propos sur les chambres à gaz, sur Anne Sinclair, me font penser, moi, qu'il n'aime pas les Juifs, pas du tout même. Il est en lutte contre tous les privilèges qui sucent le sang du peuple, mais son programme consisterait à renforcer les inégalités. Il est en lutte contre la presse, mais on ne voit que lui à la télévision, protestant contre le fait de ne jamais y passer. Bref, il lutte pour de rire. Il ne dédaigne pas d'ailleurs se vanter de faire le coup de poing à l'occasion, mais on le rencontre toujours entouré de gardes du corps, eux-mêmes anciens lutteurs d'estrade, et la seule et dernière fois qu'il s'est battu, devant la télévision, c'était contre une femme... Bravo le courage.

C'est un révisionniste et un truqueur qui poursuit, avec le noyau dur de sa secte, la même obsession depuis très longtemps : les Juifs. C'est là leur seule pensée politique. Le reste, la fibre populaire, la fibre nationale, le combat contre le capitalisme, c'est du flan, du trompe-l'œil, des discours tenus par des bourgeois qui ont la nostalgie de Vichy ou de l'OAS et qui ne brillent pas par la bravoure.

Ce que je dis là, c'est ce que tout le monde, y compris les électeurs du Front, peut voir ou deviner. Et pourtant, M. Le Pen et les candidats qui se réclament de lui rassemblent entre 15 et 20 pour cent des électeurs. Dans le temps de mon emprisonnement, Mme Mégret a gagné la mairie de Vitrolles, le maire de Toulon allié au préfet a chassé une figure culturelle et conquis un siège de député, le Front national a fait passer la majorité de la droite à la gauche sans que la gauche sourcille, et M. Debré a surenchéri contre les immigrés et les sans-papiers. Personne n'est dupe des rodomontades de Le Pen, et cependant chacun lui donne des gages sur l'immigration, sur la sécurité, sur la nationalité.

Comment expliquer un tel succès de l'extrême droite et une telle contamination des autres ? En faisant le procès, peut-être excessif, de notre classe dirigeante, j'ai commencé à répondre. Les éditorialistes peuvent bien gloser sur les dangers qui menacent un peuple trop critique à l'égard de ses élites, la réalité est là : il n'y a plus que les élites en question pour croire à leur fonction. Le peuple, le vrai, pas celui que prétend incarner Le Pen, est fatigué de cette arrogance, de cette distance, de cette stratification sociale, fatigué de ces grosses têtes qui n'ont ni cœur, ni reins, ni tripes, ni âme, à ce qu'ils montrent. M. Le Pen, lui, a des tripes ; il n'a même que ça.

Et puis, il propose une utopie quand tous les autres énumèrent les contraintes auxquelles ils se sont résignés et les chiffres qui imposent une dictature. Son utopie est une ignominie, mais elle comporte ce qu'il faut de rêve, d'impossibilité, de totalité, pour enthousiasmer les faibles d'esprit. M. Le Pen a une explication à tout : l'immigration. Il a une solution à tout : la purification ethnique. Le Pen lave plus blanc, voilà son utopie bidon qui se révélerait d'une pauvreté insigne si elle méritait seulement d'être examinée. Quoi qu'il en soit, il est audible. Il ne bredouille pas des statistiques, il gueule ses certitudes; il ne s'emmêle pas dans des pourcentages, il vomit ses invectives. Il ne chipote pas sur la réalité, il la nie en bloc. Et faute de mieux, cela suffit aux plus désemparés, comme s'il s'agissait d'un discours politique authentique.

Que fait la classe dirigeante pendant ce temps? Elle l'exclut, elle propose de dissoudre le Front national ou de le combattre par des propositions de loi. A la manière de ces ordres des médecins impuissants devant la maladie et qui retrouvent leur pouvoir pour faire condamner les rebouteux. Depuis vingt ans, on nous explique doctement les causes du chômage et de la peur sociale, sans jamais avancer un remède sérieux. On espère le retour de la croissance, la « décélération de l'augmentation », le feu rouge qui passerait à l'orange, le bout du tunnel, etc. Ce sont des temps de ténèbres et ces temps-là seront ceux des mages et des charlatans s'il ne se fait pas un peu de lumière du côté des politiques.

Populiste? Oui

On m'a souvent comparé à Le Pen. A une époque récente, il s'agissait même d'une des figures imposées du journalisme politique. Surtout à gauche. J'aurais été à la gauche ce que Le Pen était à la droite, le représentant de l'aile populiste et démagogue, la grande gueule mal élevée qui énonce des simplifications comme autant de solutions, celui pour qui votent les imbéciles qui n'ont rien compris à la vraie politique.

Rétablissons donc la vérité, si vous le voulez bien. D'abord pour tordre le cou à une légende : on m'a prêté des complaisances et même des soutiens du côté du Front national ; on en a cherché la preuve, je l'ai dit, dans mon élection à Gardanne à la faveur d'une triangulaire. Le Pen et son parti représentent tout ce que je déteste. J'ai été le seul à dire que leurs électeurs votaient consciemment pour l'infamie. Je n'ai jamais vu Le Pen autrement que pour le démystifier un peu brutalement à deux reprises à la télévision ou pour le croiser, sans lui parler, dans les couloirs du Parlement européen. Quant aux triangulaires, je n'ai pas entendu les soixante députés de gauche qui lui doivent leur élection de juin 1997 protester contre le principe.

En ce qui concerne les idées politiques, les miennes sont à l'opposé de celles de Le Pen. J'ai à peine besoin d'y insister. Je suis pour l'intégration des immigrés que je regarde comme une chance pour notre pays. Je suis pour la multiplication des solidarités, pour l'école publique, pour la construction européenne, pour l'aide au développement, pour tout ce que l'extrême droite rejette haineusement. Surtout, je suis du plus intime de moi, sans grand discours, sans construction idéologique, totalement imperméable au racisme et à l'antisémitisme, et bien décidé à lutter contre ceux qui sont capables de professer de telles « idées » qui me paraissent étrangères à l'humanité. Je n'ai donc avec le Front national ni connivence politique ni affinité idéologique. Que chacun en dise autant.

Il est vrai que j'ai un style. Je parle fort, trop fort. Je ne déteste pas retrousser mes manches. Je ne respecte pas trop les convenances ni les pouvoirs. Ce style m'a valu la haine solide de tous les tenants de la politique traditionnelle. Quand je vais à la télévision, il paraît que l'on comprend ce que je dis; il paraît aussi que c'est un péché. Soit. Je n'ai pas le bonheur de plaire à ceux dont l'opinion m'est indifférente. Pour autant, je ne suis pas le Le Pen de la gauche. Comme on disait dans notre cour d'école, Le Pen « c'est du chiqué ».

Son discours est exactement celui d'un démagogue : il dit aux citoyens ce qu'il pense qu'ils ont envie d'entendre. Sur l'immigration, sur la fiscalité, sur l'Europe. Sur tous ces sujets, j'ai fait, au contraire, la pédagogie des idées les plus difficiles à admettre. A ma manière qui est tout sauf démagogique, et il m'est arrivé, précisément à propos des immigrés, d'être applaudi par une salle que j'avais engueulée.

Si elle n'est pas démagogique, ma manière est-elle populiste ? J'avoue que je n'ai pas encore compris ce que signifiait ce reproche de populisme qu'on m'a adressé. J'ai cherché dans les dictionnaires et les manuels d'histoire : les définitions que j'y ai vues n'avaient rien de péjoratif; dans le passé, il n'était pas infamant d'être populiste. J'ai essayé de comprendre le reproche en le détaillant. Je viens du peuple. Je me sens plus à l'aise au milieu des gens modestes que parmi des bourgeois. J'ai plus de passion pour le cyclisme et le football que pour le golf et l'équitation. Je parle à la télé, dans un meeting ou dans un salon, comme je parle chez moi; je n'ai pas un langage et un vocabulaire pour chaque circonstance. Dans mes différentes activités, j'ai gagné un peu de popularité. Est-ce là être populiste ?

Je vois bien que ceux qui m'appliquent ce qualificatif, les politologues, les conseillers d'État, les banquiers, les experts de tout poil, n'encourent guère cette critique. On ne leur reprochera pas leur populisme, c'est sûr. Et si j'ai à choisir, même après la prison que mon « populisme » m'a valu, je préfère encore ma situation à la leur. On croit que je suis populiste ? D'accord, je le serai.

Encore un dernier mot sur Le Pen. Je sais que la droite ne gagnera pas les élections dans l'avenir si elle ne récupère pas, au pire par le suivisme, au mieux par la présence de terrain, les électeurs de l'extrême droite. Mais je sais aussi que la gauche ne se maintiendra pas au pouvoir et, surtout, qu'elle n'y représentera pas une véritable alternative au centro-libéralisme si elle ne s'ouvre pas aux aspirations populaires et si elle ne répond pas aux questions que pose le peuple. Je me demande d'ailleurs si ce peuple-là ne serait pas un peu populiste, à force d'être composé de gens simples pensant qu'on est responsable de ses enfants et donc coupable des fautes qu'ils commettent, responsable de sa famille, de sa maison, de son entreprise, et coupable de leurs échecs. Par les temps qui courent, il faut être populiste pour se sentir responsable de ce qui marche et coupable de ce qui ne marche pas. Dommage qu'on ne puisse dissoudre un peuple aussi manifestement populiste...

XI
RÉCIDIVISTE DE LA LIBERTÉ

Mes avocats ont eu gain de cause : je sortirai de prison demain. Demain soir ou après-demain, c'est l'affaire de formalités administratives et, jusqu'au dernier moment, il est important que le prisonnier ne sache pas quand. On m'a pris ma liberté, mon espace et mon temps depuis près de six mois, je patienterai bien encore un peu. Demain soir ou après-demain matin, cela importe peu mais le plus tôt sera le mieux.

Pendant ces six mois, j'ai dit comment je réussissais à m'évader. Par l'esprit, par la pensée, j'étais chaque soir auprès des miens. Je faussais compagnie à l'administration pénitentiaire, à la justice, à la police, à la presse, au monde politique, à tous ceux qui avaient voulu me voir là où je suis encore pour quelques heures. Ni vu ni connu, j'étais ailleurs et je parvenais à m'enfuir ainsi parce que, au fond de moi, je n'ai jamais accepté la sanction que l'on m'a infligée. Je l'ai subie mais pas admise. J'ai assumé mais refusé. Je me suis évadé chaque nuit.

Les journées à l'intérieur de la prison, c'est la perspective de mes activités après ma sortie qui m'a permis de les oublier, de les laisser passer avec une réelle indifférence aux rites et aux rythmes qu'on m'imposait. J'étais ailleurs, déjà projeté dans une autre vie sans laquelle l'enfermement serait insupportable.

Mes avocats, quelques amis, ma femme, mes enfants, mes proches, m'y ont aidé, soit en esquissant la stratégie des batailles futures, soit en me rapportant les nouvelles de l'extérieur et les signes d'amitié ou d'hostilité qui sont presque d'un secours égal pour tenir, soit encore en m'encourageant d'un sourire, soit enfin en me racontant les combats qu'ils menaient eux-mêmes dehors, comme par délégation. Le courrier d'amis anonymes m'a soutenu également. Je dois aussi à mes parents, à ma nature, et à mon expérience, une certaine vitalité. On la vantait quand je multipliais les activités; ce n'était que de l'énergie. Elle m'a servi beaucoup plus dans l'inactivité forcée; c'était le goût de la vie. Et l'appétit de vivre encore demain, trop vite, trop fort, de vivre tout ce qu'il est possible de vivre.

D'abord ma banque préférée

Je suis ruiné et, de surcroît, je devrais six cents millions à ma banque. Eh bien ! C'est ce que nous allons voir. Beaucoup de films policiers commencent ainsi : un homme qui avait été dénoncé sort de prison et vient demander des comptes au dénonciateur qui avait prospéré sur un tas d'or pendant le temps de l'emprisonnement ; généralement justice se fait, et de manière expéditive. Vous comprendrez que, dans la réalité, on n'use pas des mêmes méthodes, surtout pas avec M. Peyrelevade. Pour autant, je ne vais pas le tenir quitte de ses agissements.

Vous n'avez peut-être pas remarqué qu'entre le Crédit Lyonnais et moi « les mouches avaient changé d'âne », comme disent les commentateurs de rugby. Ceux qui trompetaient ma ruine et ma faillite il y a deux ans et demi ont été moins prompts à vous annoncer les évolutions du dossier.

Ils semblent avoir oublié que le tribunal de commerce, après avoir mis mes sociétés en liquidation, avait désigné des mandataires liquidateurs et que, même si le fait est rare, il arrive que ceux-ci restent totalement indépendants de toute pression. Les mandataires ont demandé une expertise pour savoir ce qu'il en était vraiment de mes relations avec le Crédit Lyonnais. Le tribunal de commerce de Paris a désigné un collège de six experts qui se sont penchés sur les comptes et sur les chiffres pour rechercher la vérité derrière les apparences. Ce sont évidemment des missions moins spectaculaires que les publicités intempestives de M. Peyrelevade. Pourtant, le résultat de l'expertise aurait mérité un peu de publicité. Hélas, chaque fois qu'un événement m'est favorable, il a beaucoup de mal à sortir de la confidentialité.

De nombreuses procédures sont en cours et j'ai des scrupules à évoquer un dossier pour lequel la justice n'a pas encore définitivement tranché. Bien entendu, chacun a sa version des faits. Je me contenterai donc ici de rappeler des vérités devenues aujourd'hui incontestables, et d'ailleurs incontestées, et je laisse à chacun le soin d'en faire l'analyse qui lui conviendra.

Souvenez-vous : pour accepter les fonctions de ministre, je devais me désengager et j'avais donc signé un accord complet, baptisé « mémorandum », entre le Crédit Lyonnais et moi-même. L'article premier de ce mémorandum portait sur l'obligation qui m'était faite de vendre Adidas. Cette mission était confiée au Crédit Lyonnais, ma banque et mon associé dans le capital de BTF, le holding de tête de mon groupe. L'évaluation d'Adidas était très difficile à faire, puisque les résultats des nouvelles stratégies et des restructurations étaient en cours d'apparition. Nous avions choisi un prix de base qui équivalait approximativement au prix d'achat augmenté des intérêts et des commissions diverses, soit deux milliards cent millions. Les conseils du Crédit Lyonnais prétendaient qu'il était impossible d'obtenir un meilleur prix que celui-là et le renoncement à toute plus-value sérieuse sur Adidas était compensé par une réduction de mes dettes et par les profits qui m'étaient promis dans une société d'investissement créée grâce aux capitaux du Crédit Lyonnais. Même imparfait, cet accord était convenable. La banque a effectivement vendu Adidas deux milliards cent millions (le prix qu'elle m'avait imposé), mais les sociétés paravents off-shore qui ont acheté n'étaient que des sociétés prête-nom, qui agissaient pour le compte du Crédit Lyonnais. Lorsque la banque a réellement vendu Adidas à M. Dreyfus, ce sont quatre milliards quatre cents millions que les sociétés « exotiques » ont reçus. Et comme si cette escroquerie et cet abus de confiance ne suffisaient pas, c'est avec l'argent que le Crédit Lyonnais a prêté à M. Dreyfus que la vente s'est faite, permettant à celui-ci de devenir propriétaire d'Adidas sans jamais mettre un centime de sa poche. La contrepartie de ce prêt offrait aux sociétés off-shore en question la possibilité d'être associées à l'introduction en Bourse d'Adidas qui s'est faite sur la base de... onze milliards.

Que la cote d'Adidas frôle aujourd'hui les trente milliards, c'est à M. Dreyfus qu'en revient le mérite. On ne peut pas lui contester cette performance-là. Il demeure l'un des meilleurs financiers de notre époque. Mais personne ne peut nier que l'introduction en Bourse à onze milliards a été réalisée en 1995, sur les comptes de 1994, et que ces résultats-là sont exclusivement le fait du travail de mes équipes. Personne n'ignore sérieusement, sauf M. Peyrelevade, que les « temps de réponse » dans ces métiers sont des cycles d'au minimum trois ans (temps nécessaire entre les décisions prises par le management et le résultat de ces décisions dans les comptes).

En résumé, cette affaire pose deux problèmes.

Tout d'abord, la banque avait reçu le mandat de vendre Adidas; il lui était totalement interdit de se vendre cette société à elle-même. L'infraction est d'ailleurs prouvée par la création de sociétés écrans pour dissimuler les turpitudes commises. Les conséquences juridiques de ces délits sont tout simplement l'annulation de la vente et, lorsque celle-ci ne peut être annulée, on sanctionne les fautifs par le paiement d'indemnités correspondant au préjudice subi. Pour déterminer le préjudice non seulement de BT Finance, donc le mien à l'époque, mais également de tous les petits actionnaires de BT Finance, les magistrats et les experts retiendront forcément le prix de vente réel à Dreyfus, soit quatre milliards quatre cents millions. Mais ils devront tenir compte des bénéfices supplémentaires qu'ont réalisés les sociétés off-shore, au moment de l'introduction en Bourse d'Adidas au prix de onze milliards. Réponse dans quelques mois. Je l'espère.

Le deuxième problème est plus grave encore. Lorsque je me remémore les moyens incroyables mis en œuvre par la justice pour découvrir qui avait fourni les deux cent cinquante mille francs trouvés dans l'enveloppe enterrée dans le jardin de Christophe Robert : une cinquantaine d'inspecteurs des SRPJ de Lille et de Marseille mobilisés, trente-huit personnes en garde à vue parmi lesquelles tous les joueurs de l'OM, cinq personnes en détention préventive, cinq cent soixante prises d'empreintes, vingt-huit perquisitions, etc., je n'arrive pas à comprendre que la justice, deux ans après la révélation de l'existence des fameuses sociétés off-shore, et alors que le ministre des Finances de l'époque, M. Arthuis, s'était publiquement engagé avec M. Balladur à ce que toute la lumière soit faite sur les scandales du Crédit Lyonnais, n'ait toujours pas eu envie de connaître la réalité de ce qui s'est magouillé autour de l'affaire Adidas.

Quatre milliards et demi au moins – soit cinq fois plus que toute l'« affaire » Elf instruite chez Mme Joly – sont passés dans les off-shore écrans luxembourgeoises, en lieu et place de la banque, et personne n'a envie de savoir quelle répartition exacte a été faite de cette somme colossale. Dominique Strauss-Kahn vient d'être nommé ministre des

Finances. Je le connais bien puisqu'il était ministre de l'Industrie lorsque j'étais ministre de la Ville. Il n'est pas seulement compétent, mais je le crois rigoureux et honnête. Je suis certain qu'il ne pourra pas s'accommoder d'une telle situation. Les blocages qui ont empêché certains magistrats de la section financière du parquet de Paris et certains juges chargés des dossiers dits délicats de poursuivre leurs investigations ne pourront pas durer indéfiniment : on finira par connaître la vérité.

On ne peut pas en même temps déplorer que les Français aient à payer l'équivalent de deux cents milliards d'argent gaspillé ou détourné et continuer d'amuser la galerie en mettant en examen, et pourquoi pas en détention, des sous-fifres et des lampistes pour des affaires sans commune mesure avec celle-là.

C'est ce combat que j'entends mener de toutes mes forces. Me voler, pourquoi pas ! Mais me mettre en liquidation de biens en me déshonorant et en m'humiliant, de la manière dont ils l'ont fait, ne peut que me donner une énergie sans limite pour faire payer tous ceux qui ont contribué à ce scandale.

Telle est la vérité de ma situation. Reconnaissez-le, très différente de la présentation que la presse en a faite.

Mis à part ce combat-là, je ne sais pas ce que je vais faire à ma sortie de prison. Il se trouve qu'on m'a présenté quelques propositions. Je vais les étudier tranquillement, à la lumière de l'expérience acquise, avec la certitude de rebondir. Dans le monde de l'entreprise ? Du sport ? De la politique ? De la communication ? Quel que soit le projet, quelle que soit l'activité, je veillerai au moins à ne pas recommencer les mêmes fautes, à ne pas commettre les mêmes erreurs.

Carl Lewis et Basile Boli

Pourquoi pas le sport, en effet ? Je pense souvent au sport car il offre à l'homme d'action des joies, des peines, des sensations d'une nature exceptionnelle. Tant bien que mal, j'ai repris dans ma cellule quelques activités physiques pour que mon corps, qui ne pouvait s'évader comme mon esprit, ne s'habitue pas à l'inacceptable. C'est déjà une satisfaction, même si cela n'a rien à voir avec la performance sportive dont elle est pourtant la première justification : un pays se portera bien si chacun de ses citoyens, individuellement, se porte mieux. Mais il y a, bien sûr, dans le sport beaucoup plus que cette exigence d'hygiène et de santé. On y trouve le hasard, le miracle, l'exploit, la perfection, la plus pure tension de la volonté. Ces jours prochains, nous verrons à la télévision – et j'ai bon espoir de les regarder chez moi – les championnats du monde d'athlétisme. Je sais que là aussi on trouve quelquefois du dopage ou des trucages et toujours de l'argent, mais quand même, quel spectacle ! Le temps sera suspendu pour que les successeurs de Carl Lewis fassent un rêve d'un peu moins de dix secondes. L'espace sera aboli par la perche de Sergueï Bubka devenu Dieu d'un Olympe de six mètres. Et la grâce de Merlene Ottey. Et la fluidité des coureurs kenyans. Et la vélocité des gazelles françaises, toutes noires, venues des Antilles pour essayer de faire de l'or en bleu-blanc-rouge. La foule soulevée par l'exploit. Les hymnes. Les larmes de la chute et celles du triomphe. Quelle autre activité humaine réserve autant de moments d'exception ?

Du sport, j'ai connu le pire et le meilleur. Le pire avec les assemblées de vieillards copropriétaires de la jeunesse de ce pays. Avec les traquenards de l'envie et de la jalousie. Avec les procès plus truqués que des assemblées de ligues ou que le sport qu'on prétendait moraliser. Avec la prison, à la fin. Voilà qui en découragerait plus d'un. Je ne suis pas découragé.

Et la défaite, la vraie défaite, celle qui fait pleurer des hommes adultes et des stades entiers, faut-il la ranger parmi le pire, elle aussi ? Je crois, au contraire, qu'elle appartient au meilleur, car rien n'est hasardeux comme un ballon qui roule, comme la trajectoire d'un skieur, comme le défi d'un champion cycliste. J'ai connu de grandes défaites. Elles me paraissent aujourd'hui magnifiques. Une demi-finale de Coupe d'Europe volée par une main portugaise. Une finale bêtement perdue par un tir au but raté. Des occasions envolées, des objectifs évanouis comme des mirages. Mais nous tenions bon, de toute notre volonté : le club, les supporters, les joueurs, les dirigeants. Lisbonne ? Bari ? Nous avions appris et personne n'oublierait. Il fallait simplement faire front comme le faisaient notre plus modeste abonné ou le jeune spectateur du Stade Vélodrome qui rentrait chez lui les poings serrés au fond des poches avec, au cœur, la rage de vaincre, la prochaine fois.

Des victoires, Dieu sait que nous en avons connu.

Des belles, des splendides, des uniques. Le plus grand plaisir que j'y aie trouvé n'était pourtant ni celui du championnat gagné, de la course remportée, de la coupe rapportée ou du pactole financier qui les accompagnait. C'était plus simple, plus pur et plus rare : la victoire d'un sportif, il la remporte d'abord sur lui-même. J'ai connu la rage de vaincre de Basile Boli, j'ai admiré le génie de Chris Waddle ou le talent inné d'Abedi Pelé, j'ai suivi, littéralement suivi, la souffrance inhumaine et dépassée de Bernard Hinault triomphant dans un col, j'ai vu, comme ébloui, la puissance de Greg Lemond. Et le panache de Francescoli, et les buts des fauves, Jean-Pierre Papin ou Boksic, et l'épanouissement de Fabien Barthez. J'ai connu le bonheur de voir des hommes faire un peu mieux que le commun des hommes. Rien n'est plus beau.

Et mes plus grandes émotions ont un nom : Marseille. Le hasard de mes pérégrinations judiciaires m'y avait ramené hier ; les aventures de la vie qui m'attend m'y conduiront sans doute à nouveau demain. Et je sais que chaque fois j'éprouverai ce sentiment confus, ce mélange de bonheur et de tristesse. Marseille la magnifique, la tchatcheuse, la passionnée, la charnelle, Marseille la trop belle. Marseille-couleur, Marseille-soleil, Marseille-porte ouverte, Marseille qui ne donne son cœur qu'à ceux qui l'aiment. Je suis né ailleurs et j'ai vécu sous d'autres cieux, mais cette ville-là était la mienne. J'étais enfin arrivé chez moi.

J'éprouve encore des frissons au cœur quand j'entends prononcer le nom de l'OM. Deux lettres pour les deux visages de la même réalité : l'OM admiré et mal aimé, l'OM flamboyant et attaqué, l'OM jalousé et respecté, l'OM du bonheur et des larmes. Et puis, aujourd'hui, l'OM de la grande histoire et des petits calculs. Si j'en veux à M. Dreyfus, ce n'est pas de m'avoir dépossédé d'Adidas, c'est d'avoir permis en devenant président de l'OM de m'éliminer de l'histoire de ce club dont la légende est aujourd'hui devenue internationale. Mais j'aime ce club fabuleux et ses fidèles tellement fort que son retour au plus haut niveau me comblera de bonheur. Je sais que c'est imminent. J'en suis sûr. L'OM et Marseille m'ont donné les plus beaux et les plus grands moments de mon existence. Merci.

Si je reviens dans le sport, je n'y referai rien de commun, rien d'ordinaire car j'ai vécu des instants trop forts. Il se trouve que, dans le volumineux courrier reçu en prison, il y avait une proposition de reprendre un club de football professionnel et de recevoir les moyens d'en faire une très grande équipe. Que M. Le Graët et ses acolytes se rassurent, il s'agissait d'un club étranger, et que mes amis notent dans cette démarche que tout le monde n'est pas de l'avis de M. Le Graët : je ne suis pas nuisible à tous. Pourtant, je ne crois pas que je donnerai suite à cette offre. J'ai déjà fait ce qu'on me propose de refaire. J'ai envie de nouveauté.

De nouveauté et d'utilité. Je crois profondément que le sport est un des plus formidables leviers dont on puisse disposer pour régler les problèmes d'exclusion et de réinsertion qui sont aujourd'hui posés à la société française. J'aimerais travailler à cela. Organiser un championnat de France de football des banlieues, un vrai championnat qui ne soit pas le cache-misère de la ségrégation raciale, voilà qui pourrait réintroduire un peu de volonté collective dans des micro-sociétés qui ne connaissent plus que la violence. Il suffirait de quelques grandes entreprises pour financer la mise sur pied d'une épreuve de ce genre. On pourrait mettre à contribution, par exemple, celles qui ont construit les tours des cités. Si la Fédération et la Ligue le veulent bien... Mille pistes s'offrent comme autant de voies à explorer pour réveiller le civisme et le sentiment d'appartenance à une communauté derrière l'exploit sportif. Les filles des cités ne seraient-elles pas capables de constituer un « Dream Team » de basket féminin rivalisant avec celui des Américaines ? Les Ahmed d'Aubervilliers ou les Touré de La Courneuve courraient-ils moins vite que Nordine l'Algérien ou Isham le Marocain ? Et pourquoi les tournois de beach-volley ne seraient-ils pas enfin ouverts à Vaulx-en-Velin, de la Madeleine à Évreux, des Pins à Rouen ?

Et voilà, direz-vous, ce Tapie qui recommence à nous parler de politique. Pardon, mais c'est plus fort que moi.

Que la politique soit belle ! Le combat politique présente une différence notable par rapport aux joutes sportives. Pour gagner, le problème n'est pas de se surpasser, il faut seulement tuer l'autre. Dans un groupe, dans un parti, dans une élection locale comme lors de l'élection suprême, la victoire se paie nécessairement de la défaite du rival. Encore pourrait-on comprendre cette logique-là si l'affaire se purgeait, comme dans la scène finale des westerns, à celui qui tire le premier. Mais, en politique, on ne connaît même pas la morale du Far-West. Il n'est pas interdit, il est plutôt recommandé, d'avoir des mercenaires embusqués sur les toits, ou de tirer dans le dos de l'adversaire, ou encore de le faire pendre par le juge qu'on a instrumentalisé.

Et pourtant, si les règles n'en sont pas toujours très loyales, le jeu en vaut la chandelle. On n'a pas encore inventé une plus belle manière de s'occuper des affaires des autres, de se mêler de ce qui ne nous regarde pas, de s'insurger contre l'ordre injuste des choses, d'inventer le monde au lieu de le subir.

On me dit, ou plutôt on me suggère, qu'être allé en prison et risquer d'y retourner est rédhibitoire en politique. Je serais grillé, cuit, carbonisé. Puni par la justice, condamné par la presse, rejeté par le monde politique, je n'aurais plus aucune crédibilité. J'ai tendance pour ma part à le croire aussi, pourtant, curieusement, le courrier que j'ai reçu et les marques de sympathie qui m'ont été prodiguées lors de mes permissions ou de ma semi-liberté me disent exactement le contraire. Des gens, qui sont aussi des électeurs, me pressent de reprendre le combat politique et, cette fois, de le mener à son terme sans aucun compromis avec les puissants.

Si je devais le reprendre, ce combat, j'abandonnerais bien volontiers leurs petits pouvoirs, leurs petits desseins à ceux qui se sont employés à me tuer depuis cinq ans. J'essaierais simplement de redonner de l'énergie à tous ceux qui traversent des épreuves. A ceux qui perdent leur travail, à ceux qu'on chasse de leur logement, à ceux que l'administration méprise et que la justice réprime, à ceux que des voleurs – de vrais voleurs – ont criblés de dettes, à ceux que l'on rejette pour la couleur de leur peau ou pour la religion de leur cœur, à ceux qui n'en peuvent plus de supporter la morgue de l'aristocratie calfeutrée dans des châteaux qui n'ont rien à envier aux forteresses brûlées lors des jacqueries, à tous ceux-là, je dirais : « Tout ce qui est public est à vous : l'école, la santé, la justice, la télévision, le pouvoir, tout cela vous a été confisqué, reprenez-le. Et si je peux vous aider, je vous aiderai. » Notre pays a abandonné des millions des siens au bord de la route. De plus en plus riche, il a de plus en plus de pauvres. Le nombre des nouveaux milliardaires « boursicoteurs » augmente en même temps que celui des SDF. Notre société libérale est devenue tellement folle que lorsque Renault annonce la fermeture de son usine de Vilworde, le cours de Renault en Bourse gagne 10 pour cent (il y a quinze ans, cela aurait provoqué l'effet inverse...).

Comme au combat électoral, la richesse et le pouvoir des uns se nourrissent de la misère et du désespoir des autres. Faisons très attention que ceux qui n'ont plus rien à perdre n'aient pas envie de crier un jour : « Aux armes, citoyens ! »

Certes, il n'y aura plus, dans notre école de grande civilisation, de têtes au bout des piques, de technocrates à la lanterne, de sang sur le pavé de Paris. Il n'y en aura plus et c'est bien ainsi. Mais ce serait une belle révolution quand même de voir ce pays si fier de sa devise la respecter enfin : liberté, égalité, fraternité. Quel beau combat que ce combat-là, et tant pis si le politologue ébahi par mon culot me traite de populiste.

Les luttes politiques de demain ne se mèneront plus, pour autant, sur le seul terrain national. A l'heure des grandes entreprises multinationales, à l'heure des échanges universitaires européens, à l'heure de la Coupe d'Europe de football, il n'y a plus que quelques archaïques pour nous assigner un horizon aussi limité. Ils veulent continuer à vivre au passé plutôt qu'essayer de faire vivre la France en Europe et dans le monde.

Si nous ne voulons pas que tout se décide à Washington, il faudra bien admettre qu'un peu de ce pouvoir jadis français s'exerce désormais à Bruxelles et à Strasbourg. Les interminables épisodes de la chasse à courre dont j'étais le gibier, suivis de six mois de détention, m'ont appris que j'avais, en deux années, gagné plus d'estime et d'amitié dans les milieux politiques européens que parmi mes alliés théoriques de la politique française. J'ai appris aussi qu'on avait, ici et là en Europe, d'autres mœurs que dans le village parisien, moins assassines, moins cyniques, moins narcissiques aussi. J'ai découvert quelques vrais amis dont le réconfort m'a été précieux et qui sont prêts, demain, en Belgique, en Italie, en Espagne, en France aussi, partout où le pouvoir politique traditionnel est en crise, à lever l'étendard d'une force nouvelle, créer un parti qui serait vraiment un mouvement, un mouvement qui appartiendrait vraiment à ses adhérents et qui renouerait avec le vieux rêve de « changer la vie ».

Car il faut que la politique soit belle aussi. Et la nôtre ne l'est pas trop. De l'utopie, des élans, de l'action gratuite, du panache, de l'enthousiasme, de nouvelles frontières, de la joie, voilà ce qu'il nous faut. Je rêve de rêves.

Quel beau film !

Voilà tout ce que je pourrais faire demain : de la politique, du sport, des affaires. Et je continuerai à mélanger les genres parce que la vie, elle, les mélange sans respect aucun pour les catégories où nous voulons nous retrancher, sans souci des limites, des interdictions sociales ou des discriminations imposées. Même si le mélange m'a fait condamner, je suis prêt pour la récidive. La vie est un prodigieux mélange des genres.

La mienne est un roman. Tantôt rose, tantôt noir. Une fois dramatique, une autre fois épique. Un de ces romans que seule la vérité est capable d'inventer. Ou un film mêlant, lui aussi, tous les genres. Début réaliste, tendance comédie musicale au sortir de l'adolescence, de cape et d'épée pour les années de conquête, de guerre pour l'action politique, avec quelques séquences historiques tirées de l'Inquisition quand il faut chasser le trublion, franchement policier pour les dernières années. Fin du premier tome demain. Écran blanc pour de nouvelles aventures ?

Je ne l'ai pas fait exprès, le hasard m'a guidé. Peut-être le Hasard a-t-il une majuscule. Je suis, comme on dit dans les patronages, un mauvais sujet. Je ne crois pas que ma vie ferait un bon sujet de film mais, à la vivre, je me suis bien amusé. J'ai ri, j'ai pleuré, j'ai aimé, j'ai joui, j'ai payé, j'ai regretté et j'ai recommencé. L'aventure c'est l'aventure, et dans tout ce que j'ai fait je me suis mis tout entier. Tel que je suis.

J'ai joué la comédie aussi. Celle du pouvoir dont les ors ne m'ont pas impressionné. Celle de la loi dont les fers m'ont meurtri sans me réduire. Et puis la comédie dont plus personne ne sait, en ce siècle de faux-semblant, à partir d'où et jusqu'où elle vient se mêler à la réalité, comme ces rivières salées, loin à l'intérieur des terres, par la montée de la marée. Tapie comédien, quelle faute de goût. Jouer dans un film à la veille d'aller en prison, quel aplomb ! Je l'ai fait, c'est vrai, et je ne le regrette pas. L'amitié infaillible de Claude Lelouch, homme de cœur et d'esprit, m'a fait découvrir ce métier et ses difficultés, l'immense talent d'un Luchini, le professionnalisme d'un Arditi ou d'Anouk Aimée, l'intelligence et la beauté d'Alessandra Martinez, le charme et l'énergie d'Ophélie Winter, l'humour et la largesse d'esprit de William Leymergie. C'était une expérience magnifique, un monde à explorer, une micro-société où les rôles joués sonnaient plus juste que l'authentique en toc d'autres milieux que j'avais traversés. Depuis le temps qu'on me traitait de saltimbanque et de comédien, voilà que je me prends au jeu, que je monte sur les planches, et qu'on me menace de me pendre pour ce nouveau crime : il a joué la comédie !

Eh bien ! Je recommencerai. L'intelligentsia a critiqué le film de Lelouch, la critique s'est pincée le nez, curieusement, le public a aimé. Aimé le film bien sûr, les comédiens professionnels aussi, et puis, accessoirement, il a aimé, paraît-il, ma façon de jouer, comme s'il m'envoyait, malgré les condamnations, malgré l'exclusion, une sorte de clin d'œil amical. Là également, l'expérience m'a valu des propositions. Quelques-unes émanent de très grands réalisateurs, que mes détracteurs m'excusent... Je suis tenté et je crois bien que je vais me laisser aller sur cette piste-là. Cinéma, théâtre, farce, mélodrame. Que ceux qui jouent si bien la comédie de la morale et du pouvoir m'autorisent à m'absenter. Car avec eux je ne jouerai plus. Et, en attendant, merci aux amis qui m'ont permis, avec ce premier film, de vérifier que le mensonge n'est pas toujours la fiction.

Tels sont les projets avec lesquels j'ai occupé ma solitude et trompé ma réclusion. J'en ai encore un tout petit : je vais terminer ce livre qui m'a, lui aussi, servi de corde d'évasion. Mille deux cents feuillets de notes hâtives, brouillonnes, pressées, rédigées dans l'abattement ou dans la colère, arrachées au désespoir ou à la force de la vie ; mille deux cents feuilles que je vais trier, sélectionner, pour ne dire que ce qu'il est possible de dire, pour ne retenir que l'essentiel ; mille deux cents pages dictées par la douleur souvent, par le bonheur quelquefois, et que la pudeur va devoir élaguer pour en faire un livre. J'ai seulement voulu dire ma vérité. Je ne la publierai pas demain. J'ai plus urgent à faire. Il me faut vivre. En attendant, je dois bien de la gratitude à tous ceux qui m'ont accompagné au long de ces pages, des pages bientôt tournées. Demain. Ou peut-être après-demain matin.

L'AMOUR ET LA FOI

Je suis libre. J'ai été libéré hier matin. Je respire, je bouge, je vois, je parle. Libre.

Même conditionnelle, même suspendue à d'autres épisodes judiciaires, ma liberté a un goût âcre et enivrant. Je n'aurais jamais imaginé que j'éprouverais de telles sensations. J'ai l'impression de boire l'air que je respire. A grandes goulées. Autour de moi, toutes les couleurs, toutes les saveurs ont l'air d'être nouvelles. Je suis débarrassé du gris. La Provence m'a fait hier l'amitié de se mettre à l'unisson : il faisait beau sur ma vie. On me disait ruiné, je suis riche, immensément riche, puisque je suis libre.

De très bon matin, j'ai expédié les formalités administratives de ma libération. Montrant l'affection qu'elle me porte, l'administration avait tenu à me faire dormir une nuit de plus en prison. Au sortir de la maison d'arrêt, je ne me suis retourné qu'une seconde pour contempler le béton grisâtre et les barbelés électrifiés. A cet instant, je me suis demandé comment j'avais pu tenir pendant tout ce temps.

Depuis ma cellule de Luynes, je pouvais voir l'autoroute. Celle qui vient d'Aix-en-Provence et qui va à Marseille ou à Paris selon le libre choix des automobilistes. Pendant ces longs mois, je l'ai regardée des heures entières. Fasciné. J'ai envié tous ces automobilistes anonymes. J'avais fini par assimiler cette autoroute elle-même à la liberté.

Et aujourd'hui, j'ai fait ce que je mourais d'envie de faire depuis si longtemps : j'ai pris cette autoroute. Une telle envie peut paraître futile, puérile. Je sais, mais c'était exactement ce que j'avais envie de faire.

Mon ancien attaché parlementaire, Marc, a amené ma voiture sur le parking de la prison et il m'a réservé une surprise. Une surprise de taille : Rodolphe, mon petit-fils, le fils de ma fille aînée Nathalie. Il a onze ans. Il m'attendait dans la voiture. En vacances chez sa grand-mère maternelle, il a voulu m'accompagner pour mon retour à Paris. Comment vous faire partager mon bonheur de cet instant-là ? Cette émotion tout à l'inverse de celle que j'avais ressentie le soir du 3 février avec Stéphane. Nous sommes donc partis tous les deux, un peu comme on quitte un port pour cingler au large. J'ai conduit vite, peut-être un peu trop vite, avec, à mes côtés, cet enfant. Il est beau. Il est heureux. Il partage avec moi cette liberté. Nous avons ri et nous avons chanté. Ri sans raison, et chanté plus que de raison. Dans une halte d'autoroute, nous avons mangé des frites et des glaces, de toutes ces choses délicieusement interdites. Il me rappelait le jour où, à cinq ans, il avait fait son entrée sur la pelouse du Stade Vélodrome, lors d'un match de

Coupe d'Europe, habillé comme ses idoles les joueurs de l'OM, tenu par la main par son dieu vivant Jean-Pierre Papin et acclamé par quarante mille spectateurs... La route n'en finissait pas de s'offrir à nous, à notre bonheur, à notre fantaisie et à tous les matchs que nous avons vus redéfiler ensemble pendant ce voyage inoubliable. Il n'y avait plus rien derrière, il n'y avait que la vie devant. Comment ai-je pu supporter d'être privé de ce bonheur si simple et pourtant essentiel ?

J'ai dit la tendre présence de mon épouse, la chaleur de ma famille, le réconfort des vrais amis, l'espoir de chaque jour apporté par le courrier. Un ami anonyme, handicapé, m'a écrit pour m'encourager et me remercier de lui avoir envoyé, quelques années auparavant, un maillot de l'Olympique de Marseille ; ce simple cadeau l'avait aidé à surmonter ses douleurs physiques et sa détresse morale. Il m'a bien rendu le peu que je lui avais donné. Puisqu'on a voulu, il y a quelques années, me faire représenter malgré moi le bonheur, le plaisir, la jouissance, peut-être suis-je capable de donner aujourd'hui un autre exemple. J'ai envie de dire à tous ceux qui sont tentés de se laisser aller, qui sont submergés par les difficultés, qui s'abandonnent à la défaite : « Reprenez-vous. Courage, ce ne sont que des épreuves à dépasser. Votre destin peut changer. »

A la fin, l'aide des autres est précieuse : elle vous aide à trouver en vous la force de résister. Car cette force existe en chacun et, pendant ces trop longs mois, j'ai pu la découvrir en moi. Surtout, s'agripper, ne pas suivre le flot. A chaque instant, la gymnastique du corps et celle de l'esprit. Rester digne.

Même quand on sait qu'on ne verra personne, se raser. Multiplier les gestes simples qui accrochent à la vie. Penser aux autres plutôt que de se complaire dans la mélancolie. Et ne jamais se résigner à son sort comme à une fatalité. Demeurer insurgé, rebelle sans violence, réfractaire au plus profond de soi-même. Ne pas accepter.

Il faut beaucoup de volonté et une sorte de pouvoir qui n'est pas d'essence humaine et qui vous imprègne. J'ai ressenti cette espèce de grâce difficile à définir, impossible à décrire. Je vais faire hurler quelques amis radicaux, libres penseurs et bouffeurs de curé : j'ai tenu parce que j'ai la foi. Pas la foi des rituels catholique, orthodoxe ou protestant. Pas la foi qu'on m'a naïvement inoculée par le baptême comme on vaccine par le BCG. Pas même la foi qui s'en remet, faute de mieux, à une espèce d'au-delà quand on n'a plus la force d'affronter la vie d'ici-bas. Ma foi est autre. Je l'ai appelée « hasard majuscule » ; j'aurais pu dire « mystère ». Notre espèce humaine est trop intelligente et curieuse pour ne pas se poser les questions du début et de la fin ou celle de la transcendance. Mais elle ne l'est pas assez – pourra-t-elle jamais l'être ? – pour apporter des réponses à ces questions. Et pourtant, elle pressent l'existence d'une intelligence organisatrice de l'univers. On ne prouve pas l'existence de Dieu mais, sans lui, nul ne peut expliquer l'amour. C'est plus que l'affection, mille fois plus que la gratitude, c'est beaucoup plus vaste que l'instinct et infiniment plus grand que le désir. C'est inexplicable et c'est un don que seuls les hommes ont reçu. Est-ce la solitude ? Est-ce la peur ? Est-ce la souffrance ? Est-ce tout cela réuni ? Jamais en tout cas je ne me suis senti aussi sûr de mes croyances. Jamais plus je ne serai tenté dorénavant de confondre le plaisir et le bonheur.

Les hommes ont reçu aussi le don de leur liberté et ils peuvent en user quelle que soit leur situation. Même privé des apparences de votre liberté, même jeté au cachot, vous avez toujours la liberté de vous évader comme je l'ai fait. Et si les forces viennent à vous manquer, si la vie vous paraît insupportable, seule la foi vous permettra de retrouver l'espoir et la sérénité.

Pendant ces longs mois, j'ai pensé, j'ai prié, j'ai écrit, avec un temps que je n'avais jamais pris. J'ai lu aussi, des livres apportés par mes amis. Bizarrement, une de mes dernières lectures était un écrit de prison, un message inspiré par une expérience comparable à la mienne. L'auteur y disait : « On ne sort jamais de prison. » Au soir de cette première belle journée de liberté, je pense le comprendre. Mais, quitte à le décevoir, je ne partage pas ce sentiment. Malgré la société, sa justice, son pouvoir, je refuse de participer à la perpétuité de ma condamnation. Je sors de prison, je suis libre. Tout simplement. Peut-être cette épreuve va-t-elle se renouveler, j'aurai la patience, je conserverai la foi. Avec la même sérénité, le même recul et le même calme intérieur qui permettent de relativiser toute chose et de se protéger de la rancœur ou du ressentiment. Seules la souffrance physique, la maladie ou la mort des êtres que l'on aime restent irrémédiables. Je n'ai pas changé. La prison noie le faible, rend le truand criminel mais ne peut tuer le singulier.

Il fait beau. Les journées sont longues en cet été. Je l'avais presque oublié. Je redécouvre le sens des mots les plus simples : être à l'air libre. J'ai tant à vivre. J'ai tant à aimer. Librement.

REMERCIEMENTS

Merci à ma secrétaire, Muriel, si précieuse pendant ma détention.

Merci à ceux de mes avocats qui ont accepté de travailler des centaines d'heures pour assurer ma défense sans être rémunérés.

Cet ouvrage a été composé et réalisé par la
SOCIÉTÉ NOUVELLE FIRMIN-DIDOT (Mesnil-sur-l'Estrée)
pour le compte de La Librairie Plon

Achevé d'imprimer en août 1998

Imprimé en France
Dépôt légal : mai 1998
N° d'édition : 12951 - N° d'impression : 43768